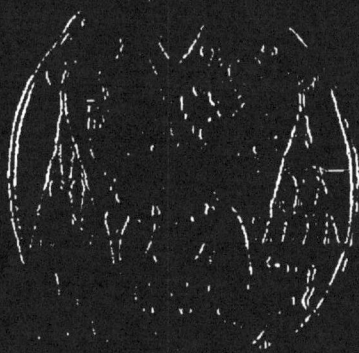

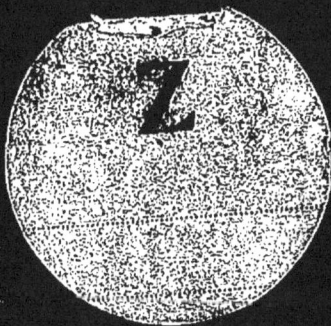

XXIII. G

www.ingramcontent.com/pod-product-compliance
Lightning Source LLC
Chambersburg PA
CBHW070609100426
42744CB00006B/440

6405

# JEUX D'ESPRIT

## ET DE

## MEMOIRE,

### O U,

Converfations plaifantes avec des Perfonnes les plus diftinguées de l'Etat , par leur Genie & leur Rang.

*Avec quelques particularitez qui fe font paffées fous le Regne de* LOUIS LE GRAND. *P. M. L. M. D. C.*

A COLOGNE,

Chez FREDERIC LE JEUNE.

M. DC. XCIV.

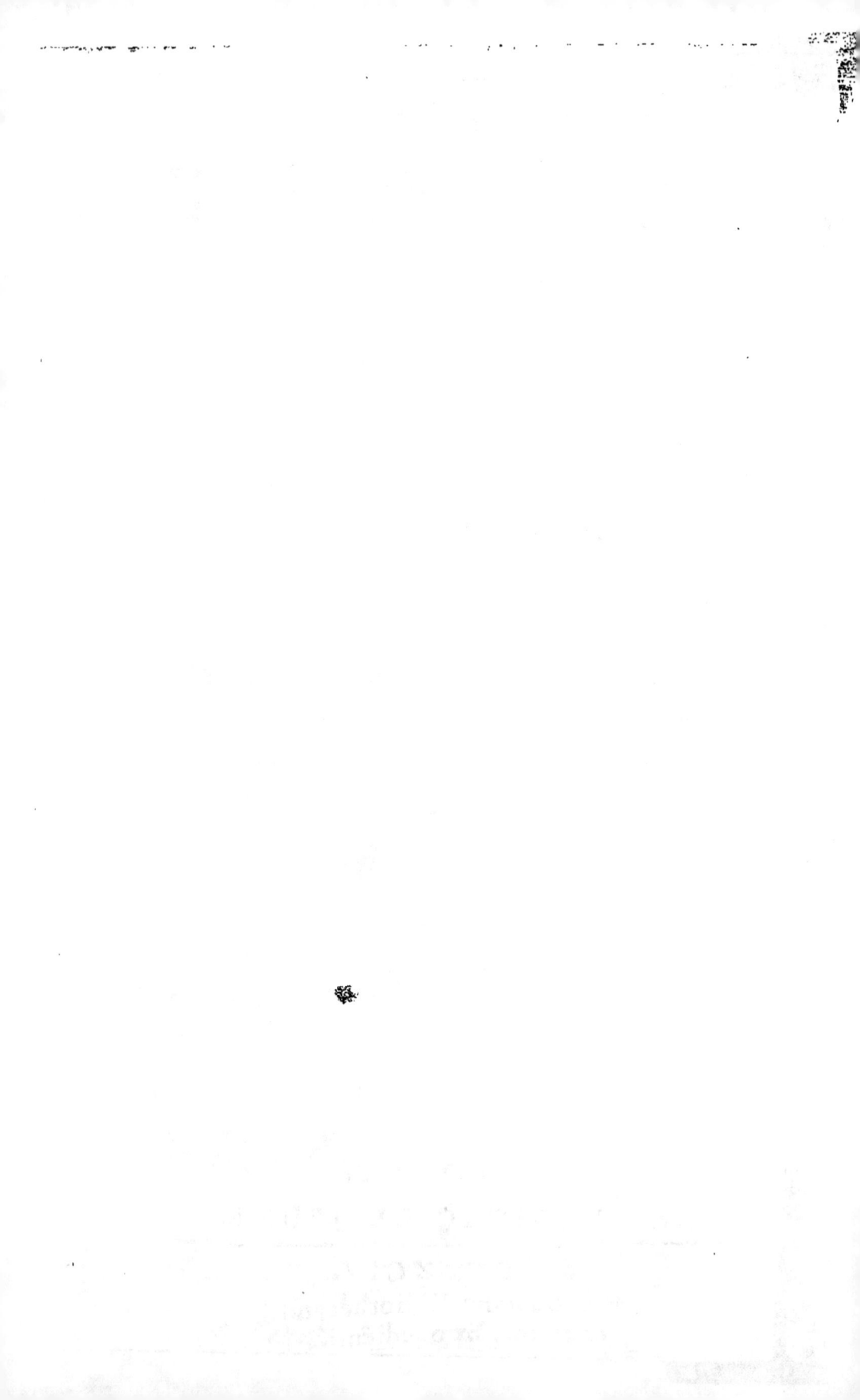

# PREFACE.

J'ai trouvé ce genre d'écrire plus embarassant que je ne me l'étois figuré ; il semble fort facile à celui qui lit ces Conversations, mais il est d'une grande contrainte quand il les faut rédiger par écrit. Je me suis bien donné de garde de faire parler Harlequin dans le Sanctuaire, il ne lui est pas permis à ce profane de mettre la main à l'Encensoir ; J'ai deffendu à Scaramouche de monter sur le Thrône pour y plaisanter ; j'ai empêché autant que j'ai pû Mercure qui se mêle ordinairement d'un vilain commerce, d'entretenir les personnes d'honneur. Quand

à *

## PREFACE

on est dans ces circonspections
& qu'il faut être Devot, Po-
litique, & Chaste, l'on ne peut
être que fort mauvais plaisant :
Il est de necessité pourtant que
que les Gens qui soûtiennent
ces sortes d'entretiens ayent ces
trois qualitez, l'on peut juger
si ce n'est pas vouloir danser
les Canaries dans un boisseau.
Tout ce que j'avois à dire d'a-
greable & de spirituel touchant
quelques-unes de ces matieres,
il l'a fallu étouffer, J'ai eû encore en écrivant une contrainte incroyable comme j'ai essayé
autant qu'il ma été possible de
ne pas mâcher sur les mâchoi-
res d'autruy : Cela ne s'est pas
fait sans difficulté ; car il a fal-

lû rebuter des matieres que j'ai crû trop triviales. Si je suis convaincu de quelque petit larcin, il est excusable , & il ne peut passer que pour. fort innocent : je puis protester que je n'ay pris que ce que le hazard m'a fait rencontrer dans mon chemin : Comme je ne puis découvrir à qui j'ai du bien d'autrui, il n'y a point de Casuiste qui me puisse obliger à restitution : Ces vols de pensées ne se font que dans les Livres qui font les plaisirs des gens oisifs & la consolation des affligez. Je n'ai jamais eû d'Autheur en ma possession qui traitât de ces plaisanteries spirituelles , je ne les tiens que des entretiens que j'ai

eus avec des esprits des plus fins
de ce Siecle : S'ils n'ont pas
toute la grace qu'ils avoient
dans ces bouches délicates, il
faut en attribuer la faute à l'é-
locution & à mon expression.
Mais pour m'excuser, il faut sçavoir qu'il y a bien des années
que je suis dans une solitude &
que je ne vas plus grater aux
portes de Versailles, outre qu'-
on ne peut pas resister si long-
tems à la roüille de la Province,
& à la contagion des méchans
exemples; un Athenien en deviendroit barbare. Je ne sçai
point l'art de plaire; mais peut-
être serai-je assez heureux de
plaire à quelque Lecteur sans
art.

# JEUX DESPRIT

## ET DE

## MEMOIRE.

UN jour me trouvant à dîner chez Monsieur le P. Président de Lamoignon,
prés de Monsieur Guitault, il me dit à
l'oreille, j'ai une grande réprimande à vous
faire; & pour vous en éviter la confusion, je
vous dirai en particulier ce que j'ai sur le
cœur : au sortir de la Table il me mena prés
d'une fenestre, & me dit tout bas, sçavez vous
que c'est une paresse & un assoupissement,
dont vous ne pouvez pas vous disculper, de
negliger de venir à Chantilli voir son Altesse,
il me parla de vous depuis quinze jours fort
obligeamment, comme lui ayant rendu un petit
service dont il ne perdroit jamais le souve-
nir : faites provision de quelques Histoires
nouvelles de bons mots, il vous goûtera,
vous sçavez que les Gouteux sont grands cau-
seurs, je suis vôtre caution que vous serez agréablement réçû, ce ne sont pas seulement les
Princes & les Grands du Royaume; mais pour peu
même que les Gens soient un peu distinguez du
commun, ils sont favorablement reçûs, & qu'ils
ayent du genie, & que son Altesse soit préve-

A

nüe que ces personnes ayent été dans ses interêts.

Je profitai de cét avis, & deux jours aprés je fus à Chantilli, je trouvay Mr. de Guitault dans l'antichambre, il connut bien que je n'étois point incorrigible, & que je me souvenois fort bien d'un coup d'épron qu'il m'avoit donné si à propos, que cela m'avoit réveillé de ma pareffe; je le priay de me presenter à son Altesse, qui étoit au lit tourmenté d'une cruelle goute, qui dans de certains momens le desesperoit; après lui avoir fait mon compliment, il me dit, le temps & les affaires sont bien changez depuis la Guerre de 52 vous vintes icy pour des affaires qui me regardoient, & croyant me faire plaisir, vous pensâtes être pris d'un Parti de Rocroi qui avoit été une nuit entiere dans la Forêt d'Hallatte en vous attendant; les choses ont pris une autre figure, les Ennemis ne viendront plus faire des prisonniers jusqu'aux Fauxbourgs de Paris & aux Portes de Versailles. Je lui dis, Monseigneur, c'est par les soins & la grande activité de nôtre Incomparable Monarque, qui s'est aussi servi du bras & de l'épée redoutable de vôtre Altesse, qui nous donnent cette tranquillité, en éloignant nos Frontieres, & chassant pour toûjours nos Ennemis de l'Etat, & de la Capitale du Monde, & saint Germain ne sera jamais insulté des Ennemis; mais cependant nonobstant le grand éloignement des Frontieres, le Château de Joüi qui n'est qu'à deux lieües de Versailles, sent plus que jamais la poudre à Canon.

Monsieur le Prince qui avoit une penetration surprenante pour les grandes & petites choses, il est vrai, dit son Altesse, que la Maison de Joüi qui appartient au Sr. Berthelot, Traitant pour le fourniffement des Poudres & Salpês

tres ; que le grand gain que cet homme d'affaire
a fait fur fon Traité, lui a donné moien d'a-
cheter la Seigneurie de Joüi ; c'eft pourquoi c'eft
plaifamment dit, que le Château de Joüi fent
plus que pendant la Guerre la poudre à Canon,
le bon-homme Marquis de Sourdis, à qui cette
Maifon appartenoit pendant la Guerre , n'em-
pêchoit pas la fenteur de la poudre à Canon ;
mais celle qui s'engendre fur les Meubles , car
il paffoit pour le plus propre homme de la Cour.

Monfieur le Prince avoit dans la ruelle de
fon lit un Evêque qui lui tenoit compagnie,
qui avoit une fort grande barbe , & un jeune
Abbé neveu de ce Prelat : fon Alteffe dit à cet
Evêque , vous ne pouvez pas me faire la même
raillerie que fit un Archevêque de Tolede à un
Grand d'Efpagne qui étoit tourmenté de la
goute comme je fuis : ce Seigneur, n'avoit jamais vû, ni Bataillons ni Efcadrons , & l'Archevêque jamais fait aucune refidence à fon
Diocefe ; il dit à ce Grand d'Efpagne , ce n'eft
point au Bivouac que vous avez gagné la goute,
ni la vôtre, dit le Grand d'Efpagne , Monfieur
l'Archevêque, à chanter Matines : vous ne pouvez pas dire Monfieur l'Evêque , dit fon Alteffe,
que ce n'eft pas fous la Cuiraffe du Prince de
Condé que la goute s'eft engendrée , comme je
ne pourrois pas vous reprocher que vous ayez
gagné la vôtre ailleurs que dans la Cour de
vôtre Cathedralle.

Monfieur le Prince quitta fon lit, & fe fit
porter à Table pour dîner avec nous , nous
étions quatre qui avions l'honneur de manger
avec fon Alteffe ; fçavoir l'Evêque , le jeune
Abbé , peu accoûtumé à manger à la Table
d'un Prince du Sang , & Monfieur de Guitault &

A 2

moy : cét Abbé étant proche de son oncle à la Table, & s'appercevant qu'il avoit laissé tomber du potage dans sa grande barbe, dit à son oncle tout bas, croyant que son Altesse ne l'entendoit pas, Monseigneur vous avez de la souppe dans la barbe de vôtre Grandeur : son Altesse n'étant point accoûtumée que l'on traitât personne de Grandeur & de Monseigneur en sa presence, dit à l'Evéque, voilà vôtre Neveu, Monsieur, qui vous avertît que vous avez de la souppe dans la Grandeur de vôtre barbe.

Cét étudiant qui étoit sur les bancs n'en demeura pas là à faire des sottises, il prit une plume & curoit ses dents à Table, neanmoins mettoit sa serviette devant sa bouche, Monsieur le Prince demanda au Prelat, y a-t-il long-temps que vôtre Neveu est en Licence, croyez-moy, faites l'en sortir, le plûtôt vaudra le mieux.

Son Altesse s'adressant à l'Abbé, Monsieur, vous voulez vous faire Docteur, prenez si vous pouvez plûtôt la tête d'un Docteur que le Bonnet.

L'on sortit de Table, Monsieur le Prince pria l'Evéque de dire les Graces, aprés qu'elles furent finies, vous avez, dit son Altesse, un Confrere, qui est Monsieur Godeau, qui pour un *Benedicite* avoit eû Grace, c'est-à-dire, l'Evêché de chez vous ; vous n'avez plus besoin de Prelature pour récompense de vos Graces, si j'étois Roy, je ferois descendre le S. Esprit sur vous ; vous seriez Monarque, dit le Prelat, & moy je serois Cordon bleu.

Mais Monseigneur, il n'est pas besoin que vous soyez Roy pour faire descendre le S. Esprit sur vos Créatures, voilà Monsieur de Guitault qui porte des marques de la descente du S.

Efprit fur fa perfonne par vôtre interceffion : Monfieur de Guitault prit la parole, & dit, j'ay un fi bon Maître, que s'il y avoit un Ordre militaire de la Trinité, je ne veux pas parler de ces Mathurins, fon Alteffe par fa toute-puiffance, auroit fait arborer les trois Perfonnes divines fur mon Manteau, au lieu qu'il n'y en a qu'une feule.

Comme l'on finiffoit ce difcours, le Capitaine des Chaffes arriva, qui vint dire qu'il venoit d'arriver un grand accident à un des Garde-chaffe, qui penfant tirer fur un Butord, & ne voyant pas un Vicaire qui pêchoit à la ligne dans un grand Etang proche de Chantilli, ce Prêtre étant affis dans de grands Joncs, le Garde avoit bleffé ce Vicaire, fon Alteffe qui connoiffoit tout le Païs, demanda à fon Capitaine des Chaffes, n'eft-ce point le Vicaire d'une telle Paroiffe, que ce Prince connoiffoit pour un grand Pêcheur à la ligne & fort mal habil-homme, tous ceux qui étoient prés fon Alteffe, lui dirent que c'étoit le Vicaire qu'il penfoit, le Prince dit, le Garde ne s'eft point trompé en tirant fur ce Prêtre, en le prenant pour un Butord, nous n'en ferons que rire, pourveu que la bleffure ne foit point mortelle.

Son Alteffe me demanda, comment gouvernez vous le Capitaine des Chaffes, & le Maître des Eaux & Forêts de Senlis, je fçai que vous avez des affaires qui ont relation avec lui ; tous Chrétiens comme nous fommes, dit fon Alteffe, nous devons avoir une veneration pour ceux que l'Eglife a mis fur le Catalogue des Sts. celui pour qui j'ai moins de refpect, c'eft St. Simon, ne le croyant pas fils de Marie Cleophe, il porte pourtant le même nom, croyant que tous les Saints sont également puissans, a voulu imiter Taumaturge, qui déplaçoit & faisoit promener les Montagnes comme il lui plaisoit; il est vrai que nôtre S. Simon se mesurant, & ne se croyant pas si grand favori de Dieu que Taumaturge, n'auroit pas entrepris de faire promener une Montagne.

Mais le Château de Chantilli qui ne seroit pas une si grande entreprise pour me déloger de son voisinage, il auroit bien voulu me placer en Beauce; mais comme ses vœux ne furent pas écoutez du Seigneur, il fit tous ses efforts pour faire abattre tous mes Bois des environs du Château, & ne pouvant me transplanter en Beauce, il avoit dessein au moins de faire une Beauce du terroir de Chantilli.

Pendant l'éloignement de vôtre Altesse, sa Majesté passa icy, il arriva deux ou trois incidens, dont j'entretiendrai vôtre Altesse, si elle me donne la liberté de parler: la premiere chose dont Nogent entretint le Roy; ce fut sur le Cheval de Bronze qui porte la Statuë de Monsieur le Connestable de Monmorancy, il dit à sa Majesté que Monsieur le Duc de Vantadour, Ecclesiastique & Chanoine de Nôtre-Dame de Paris, qui avoit l'honneur d'être parent de vôtre Altesse; quoi-que cette Maison soit une des plus Illustres du Royaume, il n'appartient pas à un Duc à se mesurer avec un Prince du Sang; on dit qu'en regardant ce Cheval de Bronze, où est l'Estique de ce Grand Connestable, voila nôtre Grand Pere, que pour la premiere fois vôtre Altesse n'avoit pas fait semblant de l'entendre; mais repetant une seconde fois, vous repartîtes, il est vrai que mon Grand Pere est monté, & le vôtre est entre ses jambes.

Le jour que le Roi logea icy pour aller à Compiegne, pendant l'absence de vôtre Altesse, il se fit un petit vol dans le Cabinet du Roi, qui est celui dont vous vous servez ordinairement, qui fut marqué pour sa Majesté, laquelle ayant resolu en s'en allant à Compiegne de faire une grande Chasse, on commanda tous les équipages de Venerie & de Fauconnerie pour chasser sur la route, les Chefs du vol du Cabinet & du Heron furent commandez, & même le Roi voulut que les Fauconniers lui apportassent sur le poind les Gerfaults, Faucons & Hautours, & que l'on lui marquât les meilleurs ; cela donna occasion à quelque Piqueur ou Fauconnier de se couler dans le Cabinet du Roi, qui déroba une petite Montre d'or, garnie de petits diamans, & dans le fonds de la boëte étoit un petit Portrait d'émail du Roi fait en mignature, que sa Majesté avoit apparemment destiné pour quelque Dame de la Cour : ce Bijou n'étoit pas de grand prix, & n'étoit considerable que par le Portrait de sa Majesté, ce qui donna occasion aux Officiers qui ont l'entrée du Cabinet, de faire de grandes perquisitions, & même de se soupçonner les uns & les autres : on cherchoit par tout le voleur ou receleur de la Montre ; Nogent voyant que ce vol n'étoit qu'une bagatelle pour en faire tant de bruit, il fut au lever de Monsieur le Cardinal Mazarin, qui avoit déja connoissance de ce que l'on avoit commis ce larcin ; il faut que vôtre Eminence, dit Nogent, envoye s'il lui plaît, ordonner incessamment à de Selufelles de se rendre icy, c'est lui qui a le vol du Cabinet.

Vôtre Altesse sçait que c'étoit un Gentil-homme d'auprés de Dreux, qui s'appelloit

de Selufelles, qui étoit Chef du vol du Cabinet, & que cette Charge est indépendante du
grand Fauconnier de France.

Comme nous étions beaucoup de gens ensem-
ble dans la Cour de ce Château, qui parlions
de la Chasse que l'on alloit faire, il passa prés
de nôtre Compagnie un homme qui avoit des
jambes d'une monstrueuse grosseur, un Enseigne
des Gardes du Corps qui étoit avec nous, nous
dit que cet homme à grosses jambes étoit un
Gentil-homme qui avoit été ordinaire de la
Maison du Roi, qui avoit la reputation d'avoir
des Loups, Monsieur de la Feüillade qui étoit
là quand cela fut dit, prit la course, disant,
mon Dieu je viens de voir St. Herand qui s'en
va, comme il est Grand Louvetier, & qui
cherche de tous côtez des Loups par Ordre du
Roi, je le vas avertir comme son ami, &
pour lui faire faire sa Cour, que j'ai découvert
des Loups qui ne sont pas fort éloignez de lui.

Le Maréchal de la Feüillade le jour d'auparavant que le Roi devoit arriver à Chantilli,
envoya ses gens pour se faire marquer un Logement commode par les Maréchaux des Logis,
ils le logérent prés de Monsieur de Turenne,
de sorte qu'il n'y avoit qu'une même entrée
pour aller dans leurs chambres, les gens du
Maréchal étant plus diligens que ceux de Monsieur de Turenne, avoient fait quelque amas
de fagots & de buches pour la chambre du
Maréchal; comme il venoit fort tard du couché
du Roi, voulant se mettre au lit, ses gens lui
dirent que les Valets de chambre de Monsieur
de Turenne avoient fait porter dans la chambre de leur Maître, tout le bois qui étoit
destiné pour lui en se couchant, il ne fut

échauffé que de sa colere.

Le lendemain il fut au levé du Roi, en dessein de faire une plaisanterie de cette avanture, il trouva Monsieur de Louvois qui étoit prest d'entrer dans la chambre du Roi pour faire signer grand nombre d'Expeditions, Monsieur, dit le Maréchal à Monsieur de Louvois, je vous vois accablé d'affaires, je vous dirai en deux mots, feignant être emporté de colere, enfin ce Grand Turenne, cét homme si necessaire à l'Etat, qui est né Commandant les Armées de France, qui ne veut point fraterniser avec nous, il sçait aujourd'hui de quel bois se chauffe ce brutal, cét étourdi de Maréchal de la Feüillade, vous pouvez dire au Roi comme vous êtes témoin de mon emportement ; il s'enfuit en feignant jurer, & disant, je ne vous en dirai pas davantage : Monsieur de Louvois qui avoit donné dans le panneau, étoit ravi dans l'ame, qu'il se présentât quelque occasion de desservir le Maréchal, & mettre Monsieur de Turenne dans ses interêts : l'on ne sçait pas comment il servit ce plat au Roi ; mais ce Ministre connut bien-tôt de quel bois aussi se chauffoit le Maréchal, duquel pour le coup il étoit la dupe.

L'on marqua de la même craie & en même jour, un Logement pour Monsieur l'Archevêque de Lion, & dans ce même appartement l'on me donna une assez belle chambre dans une Ferme qui est fort proche du Château : le soir m'en revenant avec ce Prelat du souper du Roi, nous fûmes obligés de passer par une longue allée, sur laquelle une bande de poulets d'Inde étoient juchez, ces animaux fort sales firent leur ordure sur le Castor du Prélat, comme je m'apperçûs étant dans la chambre, de cette

faleté ; je dis au Prelat, Monſieur, les Dindons
ont copieuſement *emuti* ſur vôtre chapeau, vous
parlez en chaſſeur, me dit l'Archevêque, pour
faire honneur aux poulets d'Inde, qui ſont ſous
la protection du premier Prince de France, en
traitant ces vilains comme des Aigles & des
Faucons : il commanda à ſon Valet de chambre
de mettre ſon Caſtor ſecher auprés du feu, pour
ôter entierement cette ordure; je lui dis, ſça-
vez-vous bien Monſieur, que lorſque vôtre
Chapeau ſera net qu'il paroîtra tout rouge,
c'eſt ce que je ne crains nullement, que d'avoir
un Chapeau rouge.

Son Alteſſe d'ordinaire aprés ſon dîner, demandoit les Echets, il s'aviſa de nous dire
qu'il avoit trop d'attachement pour ce jeu,
pour n'en avoir pas voulu apprendre la veritable
origine, & ſçavoir à quelle Nation on doit
attribuer l'honneur & l'invention de cét agreable
amuſement ; je ſçai que les Echets ont toûjours
paſſé pour un jeu Royal, ou plûtôt pour le
Roi de tous les Jeux, & que Teſſeira nous
apprend par tous ces termes qu'ils ſont venus
de Perſe : Gregoire le Toulouſin en attribuant
l'invention aux Hebreux, aſſurant dans ſa tra-
duction des Croniques de Mircoud, que les peuples de Perſe reçûrent deux livres de Philoſo-
phie, & un jeu d'Echets de la part de leurs
bons amis & confederez les Indiens, pour leur
faire comprendre le peu de ſtabilité & la viciſſi-
tude des choſes du monde, dont on ne peut
tirer aucun avantage, qu'en uſant d'une Prudence non commune. Les Perſiens crûrent qu'il
y alloit de l'honneur de leur Nation, de rendre
aux Indiens un preſent de même nature : ils
envoyerent un jeu de Tric-trac, qui vouloit

ſignifier,

signifier, qu'encore que la Prudence soit requise, pour nôtre avancement dans les emplois de la vie, il falloit être encore favorisé de la bonne Fortune, sans laquelle on ne pouvoit avoir un heureux succez dans nos entreprises ; ce que l'on peut remarquer dans le jeu du Tric-trac, où il faut une grande science accompagnée de la bonne Fortune, pour y trouver tous ces avantages.

Il faut avoüer, dit son Altesse, que les Indiens firent un malicieux present aux Perses, qu'ils avoient envie de rendre tous insensez ; car s'ils n'avoient envoyé qu'un simple jeu d'Echets, c'étoit assez pour leur broüiler un peu la cervelle, par la grande application de ce Jeu ; mais avec cela deux livres de Philosophie, il n'y a point de si bonnes cervelles qui n'en fût alterée ; c'étoit mettre dans la main de chaque Perse une Marotte, & Hispahan Capitale du Royaume n'auroit plus été que de petites Maisons, & un Hôpital General pour les Foux.

Mais par bon-heur les Perses découvrant le venin caché, qui étoit dans ce present, jetterent heureusement les deux livres de Philosophie dans le feu, afin qu'il n'en fût plus parlé conserverent le jeu des Echets simplement, qui veritablement nous tire des grands emplois pour nous attacher serieusement à une bagatelle, dissipe pour un temps les esprits, mais ne les égare pas; car si ce Jeu rendoit tous les joüeurs foux, il y auroit long temps que le Prince de Condé seroit délogé de son grand Hôtel pour prendre un appartement aux petites Maisons.

Vous voyez par mon recit, dit son Altesse, que je ne suis pas persuadé que ce Jeu n'al-

tere le bon fens, quand on en fçait faire un
bon ufage : au contraire, il délaffe l'efprit &
diffipe le chagrin, comme je l'experimante tous
les jours, & lors que je ne jouë pas, je fuis
bien aife de voir le génie, l'entreprife & la
circonfpection des joüeurs, pour ne pas tomber
dans les pieges que l'on fe tend les uns aux
autres : vous me ferez plaifir Monfieur, dit fon
Alteffe, de joüer avec le R. Pere Jéfuite, il
eft meilleur Rhetoricien que joüeur d'Echets;
il fuit pourtant la Regle de Saint Ignace de
Loyola Efpagnol; mais ce n'eft pas celle des
Echets, il ne joüe pas affez bien pour cela.
tous les gens de cette Nation ont un genie particulier pour ce Jeu; & c'eft une verité dont
on ne doute plus, que des Efpagnols s'imaginent
la difpofition d'un jeu d'echets, & joüent à
cheval en voyageant, je ne fçai fi je perdrois
avec le Pere à cheval; mais je fçai fort bien
que je le traite en Mazette quand nous joüons
fur la mangeoire ou fur la table.

Nous difpofâmes nos Jeux en prefence de fon
Alteffe, je faifois une faute & une bevüe effroyable, s'il n'avoit eû la bonté de me pouffer,
& me fit appercevoir de ma faute, je gagne la
Partie : il dit tout haut que le Pere n'étoit pas
battu dans les formes, & qu'il avoit été lâche-
ment affaffiné, & que nous nous étions mis
deux fur lui feul.

Nous recommançâmes une autre Partie, où
nous nous battîmes fans fupercherie durant
prefqu'une heure, il la gagne aprés une vigou-
reufe deffenfe du R. Pere; je croyois, dit fon
Alteffe, tantôt que je me batterois au fleuret
avec vous; mais je vois à prefent que ce fera
à l'épée : voilà la plus méchante nouvelle que

vous me pouviez donner , lui dis-je , Monfeigneur ; car je me tiens déja battu, étant
certain qu'à la Guerre & aux Echets , vous
avez toûjours l'avantage.

J'avois dreſſé tous les Echets , croyant que
j'allois avoir l'honneur de joüer avec ſon Alteſſe,
l'on lui vint dire que le Marquis de Vieuxpont,
Seigneur de Saintine , qui eſt à deux ou trois
lieuës de Chantilli, étoit venu pour ſe juſtifier
d'un fâcheux rapport que l'on avoit fait, en-
ſuppoſant qu'il avoit chaſſé & fait tuer un
grand Cerf dans les plaiſirs de ſon Alteſſe, ce
Marquis entra dans la chambre, & allegua toutes les meilleures raiſons qu'il pût s'imaginer
pour ſe diſculper de cette accuſation : ſon Alteſſe
lui dit , je m'étonne Monſieur de Vieuxpont ,
de ce qu'aimant autant le ſang que vous faites,
vous n'en allez point répandre pour le ſervice du
Roi & de l'Etat : Je voudrois, dit le Marquis,
que vôtre Alteſſe m'en fît naître l'occaſion ,
même répandre la derniere goute du mien pour les
interêts d'un des plus grands Heros de nos jours.
Je vous pardonnerois , dit ſon Alteſſe vôtre
entrepriſe , ſi vous confeſſiez avec ingenuité
vôtre faute ; mais demeurant toûjours ſur le
déſaveu d'un peché que vous avez commis , je
ne me fîrai jamais à vous , non plus qu'à une
planche pourrie, ou en vieux Pont.

Monſieur de Guitault, qui toute ſa vie s'étoit
étudié à l'humeur de ce Prince, ne s'ingeroit
jamais de luy annoncer la venuë que des gens
qu'il croyoit de ſon goût, & les biens venus
auprés de lui ; Il l'avertit qu'un Chevalier
venoit d'arriver, pour qui ſon Alteſſe avoit de
l'inclination, & qui étoit preſque de la maiſon,
étant logé prés de l'Hôtel pour pouvoir aiſe-

ment faire fa Cour : Il étoit fon aide de Camp
à la Campagne de Senef , ce Prince témoigna
au Chevalier la joye qu'il avoit de le voir ; ce
Gentil-homme avoit loüé une portion de Maifon prés de l'Hôtel de Condé , & pris des
Meubles d'un Tapiffier de la ruë de Tournon
pour meubler fon Appartement , il y avoit bien
pour douze cens livres de toüs Meubles , &
entr'autres une affez belle Tapifferie de Haute-
liffe dans la Chambre de ce Gentil-homme :
comme il fe vid prêft de partir pour la Campagne, il évita la rencontre du Tapiffier, de peur
d'être obligé de lui payer le loüage de fes Meubles : il partit brufquement un grand matin,
laiffa même fes draps dans fon lit, emporta la
clef de fa Chambre, enferma par inadvertance
un gros Chat; cet animal enfermé & enragé,
caffa toutes les vitres, & ne pouvant fortir par
les fenêtres, parce qu'il y avoit des contre-
vents, dans cette rage il rompit & caffa tout
ce qu'il pût auparavant de mourir : Les Rats
& les Souris n'ayant plus d'ennemis à craindre
le Chat étant mort, rongerent le lit & la Tapifferie ; & après avoir travaillé jour & nuit,
pouvoient coucher dans les draps de nôtre aide
de Camp. Après quatre ou cinq mois de Campagne il revint à fon Logis, & entrant dans fa
Chambre, il crût que c'étoit la Salle du Sabat;
où il trouva un défordre inconcevable, une
puanteur infupportable de ce Chat mort; des
Bottes qu'il avoit laiffées auprès de fa table, il
n'en trouva que les éprons, le cuir en ayant été
mangé, & par le Chat & par les Rats : le
Chevalier fit fon poffible pour r'ajufter ce ca-
hos, fon Tapiffier veilloit jour & nuit pour
épier l'heure de fon arrivée, il le trouva de

grand matin comme il fortoit du lit, Monfieur, dit le Tapiffier, ne croyez pas que je vienne de fi bon matin pour vous demander le loyer de mes Meubles : le Chevalier fe jette au col du Tapiffier, lui difant, ô mon Maître que vous êtes un brave homme de ne me point demander d'argent, auffi-bien je n'ai pas un denier à vous donner. Je ne viens pas dit le Tapiffier me faire payer du loyer, mais de la valeur de deux mille livres de Meubles qui ne font à prefent de nulle valeur. Je vous prie regardez ce que c'eft que cette Tapifferie de Haute-liffe, les Rats ont mangé tous les Perfonnages & Païfages, il ne refte plus que les Fruits des bordures. Le Chevalier dit au Tapiffier, vous vous appercevez donc mon Maître, que les Rats font à la fin d'un grand repas, & qu'ils en font prefentement au Fruit.

Son Alteffe du plus loin qu'il pût voir le Chevalier, il lui cria, j'ai oüi dire que vous vous êtes mis en dépenfe dans vôtre Appartement, pour la dépenfe elle eft grande, dit le Chevalier ; mais elle n'eft pas volontaire, j'aurois traité des Generaux à l'Armée pour ce qu'il me coûte à traiter une douzaine de Rats. Je vous ai obligation, dit fon Alteffe au Chevalier, de ce que vous avez quitté vos Hôtes pour me venir voir lorfqu'ils en étoient encore au Fruit.

L'arfenic m'eût été d'un grand fecours, fi j'avois eû l'efprit de m'en fervir, ou que j'euffe fait amitié avec ce grand crieur de mort aux Rats qui paffe tous les jours dans la ruë de Tournon, fa connoiffance n'auroit pas été fi honnorable, mais plus utile que celle d'un Duc & Pair : il m'auroit fait crever ces miferables Rats, qui font caufe que le Tapiffier

faute de lui payer la valeur de ses Meubles, les
Rats me mettront à pied, & me feront manger
par la Justice quatre des plus beaux Chevaux de
l'Armée.

A propos de Meubles, dit son Altesse, vous
souvenez-vous bien, Chevalier, quand vous fûtes
surpris des vilains Meubles, dont la Justice se
servoit, lors qu'après avoir avoir obtenu vôtre
Grace du Roi pour cét Officier que vous aviez
tué dans un combat, vous fûtes obligé pour
faire enteriner vos Lettres de remission de vous
mettre en état, & de vous rendre prisonnier à
la Conciergerie, l'on vous fit monter à la
Chambre de la Tournelle, & pour vous oüir
on vous fit mettre sur une méchante Sellette
de bois : après que vous fûtes sorti d'affaire &
de Prison, vous vintes me remercier; vous me
dîtes, Monseigneur, je n'aurois pas crû que la
Justice fût si mal en Meubles pour faire asseoir
un Aide de Camp de vôtre Altesse sur une méchante Selle de bois.

Lorsque son Altesse eût fini ce discours, il
se mit à Table pour dîner, l'on le vint avertir
que Monsieur le Maréchal de Crequi venoit
d'arriver : il monta dans la Salle, il fit son
compliment à son Atesse, l'assura qu'il avoit
quitté hier au soir le Roi en parfaite santé, on
apporta un couvert pour Monsieur le Maréchal;
on me rapporta qu'il dît en dînant à son Altesse,
qu'il avoit eû l'honneur de manger avec Monseigneur à la Table de Monsieur le Duc de
Montausier le jour d'auparavant, qu'il avoit
trouvé ce Gouverneur en fonction & en haleine
de faire des reprimandes, ce Duc s'appercevant
que Monseigneur, qui étoit fort jeune, avoit
laissé tomber par inadvertance de la graisse sur

fon Cordon bleu, il dit aux Officiers qui étoient
pour le service, Monseigneur n'a plus de besoin
de serviette d'orénavant, son Cordon bleu lui
en servira : Monseigneur qui ne vouloit pas
disputer à cette épargne, se le tint pour dit, &
fit monter sa serviette par dessus sa Cravate : Ce
Duc ne voulut pas que Monseigneur fût le seul
de reprimandé ; un jeune Seigneur qui avoit
mis une grosse Perdrix rouge sur son assiette ou
un Faisan, dans le dessein d'en servir à ses
voisins qui étoient les plus éloignez du plat, le
Duc dit à ce jeune Seigneur, Monsieur, qui
croyez-vous qui veüille manger de ce Faisan
après l'avoir si bien promené sur une assiette
sale, & l'avoir patroüillé à plaines mains, cela
ne mettra personne en appetit d'en manger :
Monsieur, dit le jeune Seigneur, je n'en ferai
part à personne de peur de les dégoûter, ni
même les restes, je vas travailler à le manger
entierement : il faut, répond le Duc être assuré
d'une prompte digestion pour une telle entreprise, autrement vous seriez en danger de crever. Monsieur le Gouverneur n'en vouloit pas
demeurer en si beau chemin à faire des reprimandes ; il observa un jeune Marquis, qui avoit
pris sur son assiette quatre cuisses de Becasse, &
le dedans de trois ou quatre ; tout le monde
sçait que les Becasses ne se vuident point, que
les boyaux & ce qui est dedans se mange ordinairement, le Marquis dévoroit ce ragoût avec
un grand plaisir : ce Duc lui dit, il faut confesser Monsieur, que je vois qu'il n'y a que de
la plus fine qui vous puisse ragoûter, pour vous,
dit son Altesse au Maréchal, si vous étiez de
cét appetit, vous seriez mieux à ma Table ; car
on n'en sert point ici : je vous ai interrompu,

dit le Prince au Maréchal , continuez ; vous trempez , dit le Gouverneur à ce jeune Marquis, tout ce que vous avez sur vôtre assiette dans cette ordure , que le mot Italien exprime bien, *ô quel Porcheria* : vous voulez bien, Monsieur, que vôtre Page vous donne une assiette nette pour donner la vôtre à nettoyer à un Gadoüard.

Au lever de la Table, le Duc de Montausier prit en particulier Monsieur de Crequi , & lui dit , n'est-il pas vrai Monsieur le Maréchal, que je passe dans l'esprit des jeunes gens de la Cour , pour être un homme singulier dans mes manieres , & un vrai Misantrope ? Mais je fais mon métier quand je dis des veritez à ces jeunes Seigneurs. Je parle à Monseigneur , quand il semble que je m'adresse à eux ; s'il m'étoit permis dans ce rencontre , je me servirois du Proverbe qui dit , *que l'on bat le chien devant le loup* ; mais j'aime mieux chagriner mes égaux, pour ne point fatiguer de remontrances le fils de mon Maître.

Au retour de la Cour, Monsieur de Guitault avant rendu compte à son Altesse des nouvelles importantes du Monde , lui compta une plaisanterie que Nogent avoit fait au Roi : il dit au lever de sa Majesté , que si Elle jugeoit à propos , il faudroit envoyer querir Monsieur de Molondin Colonel du Regiment des Gardes Suisses, pour empêcher une assemblée & une rumeur qui est parmi les Suisses, qui mettent les Cent Suisses du Corps de sa Majesté dans leurs interêts : on dit que les Suisses ont resolu de s'assembler pour aller brûler les Ecoles de Medecine , & tous les Docteurs & Bacheliers qui se trouveront dedans, parce que l'on soûtint une Thèse l'après-dînée, où l'on veut prouver

que

que l'usage du Vin est pernicieux , & que
d'orénavant l'on ne boira plus que du Cidre,
les Suisses tous d'une voix disent , que cette
matiere est si délicate à traiter, qu'ils assomme-
ront assûrement les premiers qui seront assez
hardis pour agiter dans les Ecoles ces Questions.

Nogent dît à son Altesse , qu'elle étoit fort
informée du grand attachement que les Suisses
ont pour le Vin : Incontinent aprés que les
Ambassadeurs des Cantons Suisses furent partis
de la Cour pour s'en retourner dans leur Païs,
Nogent vint à Chantilli voir son Altesse , &
fit entendre que par Ordre du Roi , il avoit
toûjours tenu compagnie à ces Ambassadeurs.
Le premier jour que ces Messieurs furent à saint
Germain, c'étoit un Samedi , ils arriverent de
Paris fort matin , & furent d'abord descendre à
la Cour du vieux Château ; & comme il ne
faisoit pas jour chez le Roi , Nogent leur per-
suada d'aller faire une promenade dans le Parterre , en attendant que sa Majesté fût visible:
ils considererent le Parterre en broderie, planté
en buis , & demanderent à Nogent comment se
nommoit ce méchant arbuste , un des Suisses en
prit un brin & le sentit, & en même temps le
jetta , voila une méchante odeur que ce buis.

Un des plus habiles dit , il faut que les François soient bien sous la tyrannie de l'usage, &
se laissent bien conduire aveuglement par la
coûtume , pour être assez foux pour planter un
miserable arbuste , qui ne sert que de retraite
pour les Souris, Vers & Limaçons.

Le plus ancien des Ambassadeurs, comme le
mieux sensé & le plus éclairé dit, le Roi qui
est habillé & de bon goût en toutes choses,
comment n'a-t-il point fait plûtôt planter 15.

C

ou 16. arpens de Vignes à la vûë de fa Chambre, que d'avoir pour afpeĉt les Hutes, &
l'Armée des Rats & des Souris.

Un autre prit la parole & dit, il faut que
nous confeillions à fa Majefté d'avoir du plant
de ce Vin que nous avons choifi pardeffus les
autres depuis que nous fommes à Paris, qui eft
fi rouge & fi coloré, qui fe fait en le bûvant
fentir au gofier, il me femble qu'il s'appelle
Auvergnac d'Orleans : cette Vigne feroit un
bel afpeĉt pour la Chambre du Roi, & feroit
d'une grande utilité pour le Château.

Le Maréchal de Grammont arriva, qui avoit
Ordre du Roi de faire les honneurs du Louvre,
& de prendre jour pour traiter les Ambaffadeurs
à l'Hôtel de Grammont : il aborda ces Meffieurs
qui étoient dans le Jardin, & bien Meffieurs,
puis-je être de la converfation, Nogent dit, qu'il
prit la parole, difant à Monfieur le Maréchal,
nous croyons que le nôtre eft un habile-homme
en fait de Jardinage ; cependant dans l'efprit de
ces Meffieurs, il ne paffe que pour un Archi-
tecte de Maifons à Rats & Limaçons ; fi fa
Majefté vouloit prendre cinq ou fix Vignerons
d'Orleans, de ceux qui cultive ce merveilleux
Auvergnac, Elle auroit bien plus de fatisfaction
de leur ouvrage, que de ces ignorans Jardiniers
que nous venons de voir travailler, qui ne
fçavent que rafer & tondre de puans Buis.

Le Maréchal prit la parole, je vois bien par
le rapport du Comte de Nogent, que vous
improuvez les Buis, & eftimez la Vigne ; vous
raifonnez fi jufte fur cette matiere, que je ne
doute point que fa Majefté vous reconnoiffant
comme fes Confederez & bons amis, & qu'en
qualité d'amis, vous lui confeillerez de faire

arracher les Buis, & en la place faire planter grand nombre d'arpens de Vignes, ce beau Château de saint Germain sera dans le milieu d'un agreable Vignoble.

Le Maréchal croyant que c'étoit l'heure que le Roi pourroit donner Audiance, Nogent dit, qu'il prit les devans ; cependant Monsieur de Grammont, pria ces Messieurs de bien vouloir lui faire l'honneur de prendre un méchant dîner le Lundi prochain ; mais dit le Maréchal, à petit manger bien boire.

Le premier des Ambassadeurs répondit pour tous les autres au Maréchal, Monsieur, lui dit-il, vous entrez trop bien dans les inclinations de nôtre Nation, pour ne pas tauper à ce que vous désirez de nous, nous tenons que dans un Festin que les Viandes sont l'accessoire, & le Vin toûjours le principal.

Le Lundi les Ambassadeurs ne manquerent pas à se rendre à l'Hôtel de Grammont, sur les onze heures, Nogent dit qu'il ne manqua pas de s'y trouver pour entretenir ces Messieurs. Ils furent surpris agreablement de voir des Bouteilles rangées en Bataillons, ils goûterent de tous les Vins les plus délicieux, le Tonnerre, le Silleri ni le saint Thierri, n'étoient, ni du goût, ni dans l'approbation de ces Messieurs, disant que ces Vins avoient une couleur qui approchoit de l'eau : Monsieur de Nogent demanda au Maître d'Hôtel de l'Auvergnac, qui sçavoit qu'il étoit estimé pardessus tous les Vins de ces Messieurs; ce Maître d'Hôtel dit, Monsieur ; vous n'y pensez pas, ce n'est que pour les Gadoüards & Porteurs de Chaise ; faites ce que je vous dis, Monsieur le Maître, disoit Monsieur de Nogent, comme fâché, quand vous aurez déferé à mes

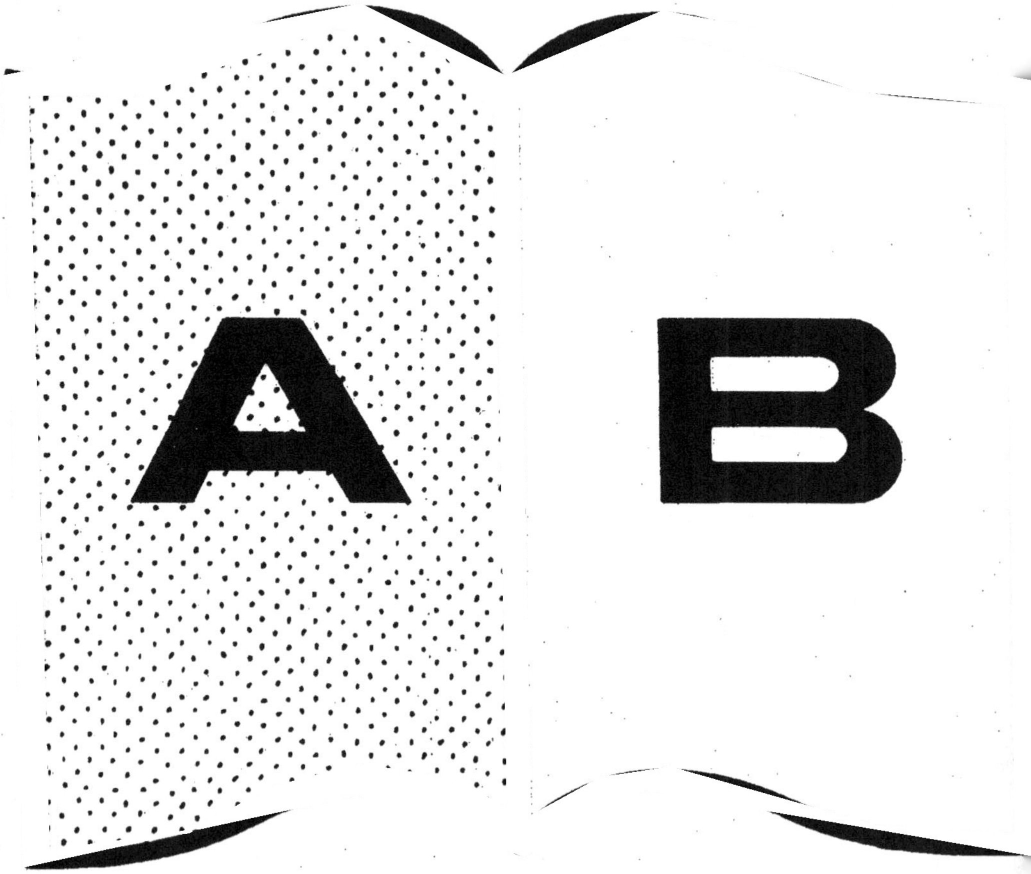


Contraste insuffisant

**NF Z 43**-120-14

sentimens , vous serez avoüé de Monsieur le
Marechal vôtre Maître : on apporta la charge
de trois Crocheteurs de bouteilles de Vin d'Orleans , à l'arrivée du Maréchal on se mit à
Table , on servit d'abord beaucoup de Potages
de santé , & de Bisques ; le premier des Ambassadeurs ayant pris d'une souppe de santé sur
son assiette , demanda une bouteille de Vin
d'Orleans , & en mit une bonne quantité dans
son Potage , disant , que sans cela la souppe
lui donneroit la Colique , trois ou quatre suivirent son exemple : Nogent dit , que le Maréchal ni lui ne gâterent pas de la sorte leur
Potage , l'on donna ordre que pour les François
on serviroit du vin de l'Hermitage , qui a la
même couleur que l'Auvergnac ; mais qui ne
racle pas si bien le palais que les Suisses dési-
rent : On commença à boire les santez du Roi,
de la Reine , de Monseigneur , de toute la
Maison Royale , de tous les Cantons Suisses,
de chacun des Ambassadeurs , de Monsieur le
Maréchal ; enfin , il y eût quarante Verres de
vin pour chacun Acteur : il n'y eût aucune
supercherie dans les santez qui furent bûës,
l'on s'en aquitta de bonne foi , & quand on fut
à la fin du repas , Monsieur le Maréchal commanda à un Page d'apporter de l'Anis à chacun
des Messieurs les Ambassadeurs pour ôter le
goût du Vin , ces Messieurs croyant que l'Anis
dont ils n'avoient jamais oüi parler , étoit quelque chose de meilleur & plus exquis que le
Vin , en ayant goûté le cracherent , ah ! quel
poison , Monsieur le Maréchal , vous nous faites
donner , au nom de Dieu , que l'on verse par
tout du vin pour ôter le goût de cét Anis
pernicieux.

Le Maréchal demanda congé pour aller pour
un moment faire la meridiane, Nogent sortit à
ce qu'il nous dît de la Salle, & cherchant un
lieu où il avoit affaire, ne sçachant pas les êtres
de la Maison, il entra dans la Cuisine, &
trouvant un Officier qui écorchoit un Chevreau,
je ne sçai, lui dit-il, quel animal tu écorches ;
mais je sçai bien que pour moi je vais écorcher
le Renard.

Quand il eût fait cette expedition, il fut
trouver les Ambassadeurs, qui lui dirent en
balbutiant, qu'ils venoient d'apprendre que c'é-
toit ces empoisonneurs de Verdun qui compo-
soient ce poison d'Anis, qui les avoit tous fait
jetter du cœur sur le carreau ; & que sans cét
Auvergnac qu'ils avoient pris fort à propos,
les Cantons auroient perdu leurs Ambassadeurs.
Son Altesse fit une moralité là-dessus, disant
que nous ne voulons jamais connoître le sujet
de nos manquemens, quand nous y sommes en-
traînez par nôtre penchant, les Ambassadeurs
excusoient le Vin des maux de cœur qu'il leur
causoit, pour en attribuer tout le mal à ce
salutaire Anis : les Suisses ne sont, ni Medecins
ni grands Philosophes, ce n'est pas parmi les
Cantons que la Republique des Lettres fleurit;
si ces Etats n'ont point produit de Cicerons, en
récompense ils sont fertiles en Braves.

Le Jesuite avec lequel j'avois joüé deux
parties d'Echets, étant dans le Parterre de Chantilli, qui lisoit quelques écrits avec une grande
application, son Altesse le considerant & le
voyant de la fenestre de sa Chambre fort attaché
à sa lecture ; le fit appeller, & lui demanda,
meditez-vous de bonne foi, mon Pere, ce qui
vous a tant plû dans la lecture que vous avez

faite : car le préjugé que j'en ai fait, de l'avis
dit avec laquelle je me suis apperçû que vous
lisiez, je vous ai donné en moi-même la qualité
de *Librorum helluo*, un dévorateur de Livres :
le Père lui dit, Monseigneur, puisque vous
m'ordonnez de vous déclarer quelle lecture je
faisois, je vous dirai qu'un Père de nôtre So-
ciété m'a envoyé depuis deux jours les Harangues qui furent faites par les Chefs des Compagnies Souveraines, à Monsieur le Cardinal
Mazarin à son retour du Mariage du Roi, &
de la conclusion de la Paix entre les deux
Couronnes ; les Premiers Présidens du Parlement, Chambre des Comptes & Cour des
Aides, le féliciterent tous sur les grands Ouvrages ausquels il venoit de donner la derniere
main : ces Harangues étoient faites par les premiers & les plus sçavans Magistrats du Royaume, on peut juger par-là que ce sont de Chefs-
d'œuvres de l'Art ; mais je ne me suis point
tant arrêté au corps de ces Pieces d'éloquence,
qu'à la réponse que fit Monsieur Amelot Premier Président de la Cour des Aides à son
Eminence, laquelle sur ce que ce Président lui
avoit remontré que les Peuples pendant la Guerre
avoient été fort surchargez de nouveaux Tri-
buts & de nouvelles Impositions, qu'ils n'a-
voient pas même murmuré de leur accablement,
espérant que par la déclaration de la Paix leurs
souffrances finiroient. Son Eminence prit la
parole, & repartit au Premier Président de la
Cour des Aides, qui étoit à la tête de sa Compagnie, que la Paix se pouvoit comparer à un
petit arbriseau, ou à une jeune ante, que dans
la premiere année on se contente de planter
dans un bon terroir, & la bien cultiver

pour lui faire prendre racine ; la seconde année
cette ante pousse des feüilles tendres , la troi-
siéme des fleurs , & aprés cela on commence à
cüeillir des fruits , qui s'augmentent d'année en
année , tant plus que l'arbre prend de forces
par les racines qui sont en bonne terre. Monsieur Amelot répondit à son Eminence , que la
similitude qu'elle avoit faite de comparer la
Paix à un Arbre étoit trés-juste ; mais que ce
jeune Arbre devoit être un Olivier , parce que
de temps immemorial il a été toûjours le sim-
bole de la Paix ; puisque nous lisons par l'ancien Testament , que lors que Dieu crût qu'il
avoit assez châtié les Hommes par cét effroyable
épanchement d'eau qui submergea toute la sur-
face de la Terre ; quand ce grand Dieu fut suffi-
samment vangé , sa Majesté divine envoya par
la Colombe qui étoit sortie de l'Arche un ra-
meau d'Olivier qu'elle apporta en son bec , pour
marque de la Paix que le Créateur du monde
avoit enfin resolu de donner à l'Univers ; Par-
là l'on void que l'Olivier est le Hierogllphe de
Paix ; mais l'Olivier a un privilege sur tous
les Arbres du monde , que si l'on attendoit que
ces fruits fussent en une parfaite maturité , on
ne pourroit pas en avaler les Olives , à cause
de leur incroyable aspreté. Il faut donc pour
goûter la douceur des fruits de l'Olivier , les
cüeillir devant leur maturité. *Quia Oliva jam*
*non matura in fructu est* , parce que l'Oliva
auparavant même qu'elle soit meure , est un
fruit délicieux à manger ; il faut aussi , dit ce
Premier President à son Eminence , que les
fruits de l'Olivier & de la Paix soient plus
précoces que les autres , & n'atendre pas leur
maturité pour les distribuer aux Peuples , qui

font dans une grande avidité, au moins au commencement d'en goûter, pour après que l'Arbre fera plus fort & plus grand s'en raffafier.

Comme le Jefuite finiffoit ce difcours, on vint avertir fon Alteffe que Monfieur le Préfident de Champlatreux venoit d'arriver dans la Cour du Château, elle témoigna que cette arrivée lui étoit agreable, parce que ce Préfident avoit prefque toûjours tû dans le temps qu'il étoit Maître des Requêtes, l'Intendance des Armées que Monfieur le Prince Commandoit : elle avoit fort attaché ce Préfident aux interêts de ce Prince, qui en avoit beaucoup de reconnoiffance; auffi Monfieur de Champlatreux étudioit fort éxactement les occafions de perpetuer l'amitié que fon Alteffe avoit conçûë pour lui. Il entra dans la Chambre, & après avoir fait fon compliment à fon Alteffe, il lui montra un Arrêt dont il s'étoit chargé de l'expedition ; il faut fçavoir que tous les Préfidens du Parlement, quoi-que fort équitables, ont toûjours des Confeillers à leur devotion, & de leurs amis à qui ils font tomber en diftribution les Procez des Gens pour lefquels ils prennent quelque interêt : Monfieur Genou Confeiller de la Cour, & fort habile dans fa Profeffion, étoit ami particulier de Monfieur le Préfident, qui le fit Rapporteur d'un Procez qui regardoit fon Alteffe, qui néanmoins n'étoit que de peu de confequence, qui fut jugé au Rapport de Monfieur Genou; ce que fon Alteffe voyant par l'Arrêt le nom de Genou, il dit à Monfieur de Champlatreux qui avoit Préfidé à cette affaire, vous êtes perfuadé, dit fon Alteffe, que le S. Efprit préfide encore au deffus de vous, qui vous fuggere vos Jugemens & Arrêts, puifque vous les faites rap-

porter

porter & figner à Genoux.

Je croi que vôtre Alteffe, dit Monfieur le Préfident, fçait que le Comte de . . . . . . eft à l'extremité & abandonné des Medecins ; vous fçavez avec toute la Cour qu'il eft du nombre de ceux à qui leurs Femmes ne leur a pas gardé long-temps la fidelité ; comme ce malade a connu le peril de fon mal, il envoya prier Mr. le Curé de faint Euftache fon Pafteur, de vouloir avoir la bonté de lui venir adminiftrer les Sacremens de l'Eglife, ce Curé fe trouvant incommodé, envoya à fa place Monfieur de Cornüaille fon Vicaire, qui fit au malade le compliment dont il étoit chargé : ce malade demanda au Vicaire comme il s'appelloit, il lui dit que fon nom étoit Cornüaille à fon fervice, le Compte répondit, ah mon Dieu ! des Cornes peuvent-elles fervir de quelque chofe à un honnête-homme ; c'eft la grandeur des miennes qui m'accablent, & me font mourir de chagrin de les porter.

Je ne fçai fi vous fçavez, Monfeigneur, qu'un Evêque de vos voifins vient d'expirer, dit le Préfident à fon Alteffe, qui eft Monfieur Bourlon Evêque de Soiffons, ce n'eft pas cét Evêque qui a Sacré le Roi, fon Alteffe prit la parole, & dit, le Predeceffeur de celui-ci s'appelloit le Gras, & comme premier Suffragant de Reims le Siege vacant, fit cette pompeufe Ceremonie du Sacre du Roi ; s'il l'avoit autant de fois faite que le Cardinal de Lorraine, qui étoit auffi Archevêque de Reims, qui Sacra trois de nos Rois, le pauvre Evêque n'auroit pas été fi neuf qu'il fut dans ce rencontre. Il faut fçavoir que l'on dit que par le Ceremonial, que c'eft au Confacrant en des-habillant fa Majefté pour le

D

Sacrer, c'eſt à ce Prelat à lui ôter l'Ordre du ſaint Eſprit, les habiles Prelats qui n'avoient pas l'honneur de porter l'Ordre du Roi, ont crû que l'uſage les mettoit en droit de ſe ſaiſir de cét Ordre, & d'oublier qu'ils l'avoient mis à leur col, & de ne plus ſonger à le reſtituer à ſa Majeſté, laquelle pour n'avoir point de conteſtation un jour ſi Solennel que celui d'un Sacre, laiſſa le Cordon au Prelat, & à ſon retour en prit un autre : quand il arriva au Palais Archiepiſcopal de Reims, le pauvre Evêque le Gras manqua ſon coup, en faiſant une action de bonne foi, en reſtituant le Cordon, mais de grande ſimplicité en le rendant.

Il crût que ſon ingenuité ſeroit de miſe à la Cour, & qu'il ſeroit récompenſé de quelque grande Abbaye ; mais ſi l'on veut réüſſir auprés des Monarques, il faut que la prudence du Serpent ſoit inſeparable de la ſimplicité de la Colombe, autrement point de récompenſe ; cela faiſoit dire au pauvre Evêque le Gras, que pour avoir Sacré le Roi il n'en étoit pas plus Gras.

Son Alteſſe à qui il faiſoit ces doleances, lui dit, vous avez rendu un ſervice trop éclatant au Roi pour qu'il n'aye pas pris des précautions pour vous empêcher de mourir trop Gras, & d'une trop grande repletion.

Je ne puis m'empêcher d'inſtruire, dit ſon Alteſſe, en entendant parler de Charles Cardinal de Lorraine, ceux qui n'en ſçavent rien, de ſes Alliances, ni des Emplois de cét Illuſtre Prelat: Il étoit mon Parent, puiſqu'il étoit fils de Claude de Lorraine premier Duc de Guiſe, & d'Anthoinnette de Bourbon ; il fut Archevêque de Reims, Evêque de Mets, Abbé de ſaint Denis, Feſcan & Cluni : Il naquit le 17. Fé-

vrier 1519. & le Roi François I. le nomma
Archevêque de Reims à l'âge de 15. ans : il
Sacra Henri I I. en 1547. le Roi qui avoit
beaucoup de déference en ses Conseils, l'envoya
à Rome vers Paul I I I. qui lui avoit déja envoyé le Chapeau de Cardinal aprés la mort de
Henri I I. ce Prelat Sacra François I I. &
puis Charles I X. sous le Regne de ce dernier,
il assista au Colloque de Poissi, où il refuta
les Opinions de Beze touchant la Realité : S'il
rendoit quelques services à l'Eglise, il s'en
faisoit fort bien payer, ayant quatre cens mille
livres de revenu en Benefices; ceux qui defere-
ront à ce que je dis, ne manqueront pas de
penser qu'il falloit que sa Prelature de Reims
eût été d'une longue durée, ou que le Regne
de trois de nos Rois eût été bien court, pour
que l'on aye vû ce Cardinal par trois fois differentes, faire éclater sa Pourpre dans la plus
Auguste & la plus Pompeuse Ceremonie du
Monde; ces honneurs qu'il a reçûs, ont coûté
la vie à trois de nos Rois, il étoit dans l'es-
perance d'en Sacrer un quatriéme, quand il fut
au devant d'Henri III. en Avignon, pour con-
gratuler sa Majesté Trés-Chrétienne de son
élevation au Trône de France, & pour lui
offrir son éclatant Ministere pour son Sacre. Il
pouvoit se vanter que tous les Grands de cette
Monarchie lui avoient vû par trois differentes
fois la sainte Ampoule entre les mains, & qu'il
étoit encore en droit de reprendre cette sainte
Relique, quand la mort lui ravit ce quatriéme
honneur.

Pour Monsieur le Gras, que nous avons dit
qui eût l'honneur de Sacrer nôtre Roi, je dis
à son Altesse que je ne l'avois jamais connu;

mais pour fon Succeffeur Monfieur Bourlon, que je le voyois tous les jours à Compiegne, & que même nous demeurions enfemble en même Maifon. Il m'engagea d'aller avec lui à Verberi, qui eft de fon Diocefe à deux lieuës de Compiegne : ce Prelat Confirma dans l'Eglife de la Trinité plufieurs petits Officiers qui étoient à la fuite de la Cour, & grand nombre de jeunes enfans du voifinage de Verberi. Il demanda à Monfieur le Miniftre des Mathurins, qui eft auffi Curé du lieu, fi les enfans fçavoient leur Catechifme ; fi vous voulez bien, Monfeigneur, dit ce Curé, en interroger quelques-uns auparavant la Confirmation, cela me fera honneur ; car vous verrez que j'ai fort utilement employé mon tems à les inftruire : Monfieur l'Evêque s'adreffa à un petit garçon qu'il crût le plus éveillé & le mieux inftruit, & lui demanda, comme l'Eglife eft dédiée à la Trinité, combien il y avoit de Perfonnes à la Trinité ? il lui répondit, trois Monfeigneur, qui font elles ? ce petit garçon répondit, il y a Monfieur le Miniftre, Frere Jean, & la groffe Margot. Le Prelat tout Mitré qu'il étoit, fit un éclat de rire dont il ne pût pas s'empêcher.

Il faut fçavoir pour l'intelligence de la réponfe que vouloit faire cêt enfant, qu'il croyoit que Mr. l'Evêque lui demandoit combien de perfonnes il y avoit dans la Maifon de la Trinité, il dît trois ; fçavoir le Miniftre, Superieur des Mathurins, Frere Jean, qui étoit un Frere Convers, & la groffe Margot la Servante du Logis.

Je voulus conter une avanture arrivée à l'Abbaye de faint Remi, prés de Villiers-Cotteréts du Diocefe de Soiffons, fon Alteffe

prit la parole , & dît, je fçai où eft cette Communauté , le nom de l'Abeſſe étoit Dolun; mais
vous nous direz l'Hiſtoire. Je lui dis , ce Prelat prenoit un ſoin particulier de cette Communauté , étant parent ou allié de Madame , il
lui avoit donné un jeune Chapelain peu ſtilé
dans ſes Rubriques ; comme j'étois dans l'E-
gliſe du Convent pour entendre le Service du
Samedi Saint veille de Pâques , le Chapelain
n'ayant pas eû la précaution de faire apporter
du feu nouveau proche l'Autel ; vid comme il
étoit prêt d'allumer le gros Cierge que le Ceremonial portoit , qu'il étoit de l'eſſence de la
Ceremonie d'avoir du feu nouveau , il ſe tourna
vers un petit garçon qui lui ſervoit de Clerc,
qu'il avoit fouetté le jour de devant pour quelque friponnerie , ce garçon en criant lui avoit
juré qu'il s'en repentiroit ; ce Prêtre dît donc à
ce Clerc d'aller querir un fuſil , ce petit étourdi
fut dans une Cuiſine où il trouva un grand
fuſil , que le Celebrant ſçavoit bien qu'il avoit
chargé le jour de devant de groſſes poſtes , nous
vîmes tous ce jeune fol entrer dans l'Egliſe avec
cette arme ſur ſon épaule , le Celebrant ne le
voyant point en cét état en tournant de ſon côté,
lui dit faites du feu , le Clerc couche en joug
le Prêtre comme s'il l'eût voulu tuer , & l'ayant
apperçû en cette poſture , en ſe repaſſant les
menaces précedentes du Clerc , il crie en ſe
jettant ſur le Marche-pied de l'Autel , ah !
mal-heureux , ne me tuë pas : le Chœur des
Religieuſes qui étoit fort éloigné du Celebrant,
entendant ſans diſtinction parler , crûrent qu'il
avoit dit comme le Rituel le porte , *lumen
Chriſti* , les Dames répondirent fort impru-
demment , *Deo gratias.*

Vous voulez bien, Monſeigneur, puiſque nous ſommes ſur l'article des Religieuſes, que je vous diſe ce que la Reine Chriſtine de Suede dît aux Religieuſes de l'Abbaye du Lis, qui eſt entre Melun & Fontainebleau, cette Maiſon eſt un Convent de Bernardines reformées, qui vivent avec une grande regularité, & obſervent une fort auſtere Clôture, la Reine en entrant dans le Parloir; car elle vouloit ſurprendre ces Dames, d'abord jetta les yeux ſur une groſſe & grande Grille toute heriſſée de longues pointes de fer: l'Abbeſſe vint au Parloir accompagnée d'une nombreuſe Communauté faire leur compliment ſur l'honneur que ſa Majeſté faiſoit à leur Maiſon, de venir voir de pauvres Ruſtiques Religieuſes, qui n'avoient pour toute ſcience que de s'être un peu étudiées à obſerver la Regle de leur Pere ſaint Bernard; la Reine prit la parole, & s'adreſſant à l'Abbeſſe, vôtre Pere ordonne-t il dans ſa Regle de mettre dans vos Parloirs des Grilles meurtrieres & homicides comme celles que je vois; & comme pour mon mal heur j'ai été toûjours Schiſmatique, Dieu ne m'ayant ouvert les yeux que depuis peu pour me ſortir de mon erreur, je vous avoüe que cela m'eſt tout nouveau, de voir des Recluſes comme vous êtes, je croi que vous avez fait des vœux de Clôture, ſa Majeſté fit un éclat de rire, en diſant, quelle folie, Meſdames; car ſi vous avez fait des Vœux, pourquoi des Grilles? Et ſi vous avez des Grilles, pourquoi des Vœux?

Monſieur de Cominges, comme vôtre Alteſſe ſçait, étoit prés de ſa Majeſté Suedoiſe par Ordre du Roi, pour lui faire connoître les perſonnes de la Cour: Monſieur de Guitaut

qui a l'honneur de vous approcher tous les
jours, & qui eft proche parent de Monfieur de
Cominges, n'aura pas manqué de vous faire
un recit d'une partie des Plaifanteries que la
Reine Chriftine a fait, & des bons mots qu'elle
a dit : J'étois à Fontainebleau, mais je n'étois
point prefent quand Monfieur l'Evêque de Laon,
qui eft aujourd'huy Cardinal, vint faluer fa
Majefté Suedoife, & lorfqu'il entra dans la
Salle où étoit le Couvert, Monfieur de Cominges le nomma tout bas à la Reine, en même-
temps fa Majefté appella ce Prelat, lui difant,
approchez-vous, je vous prie, Monfieur de
Laon, l'Evêque fort furpris, de ce que cette
Princeffe le nommoit, lui dît, Madame j'étois
en peine de me faire connoître à vôtre Majefté,
mais je vois que je fuis plus heureux que je
ne pouvois me perfuader ; il faudroit ignorer,
dit la Reine, l'Hiftoire de la nouvelle Rome,
pour ne pas fçavoir que le Maréchal d'Eftrée
vôtre Pere, a été Ambaffadeur pour la France
auprés de fa Sainteté, que fes emportemens &
fa colere firent mourir le Pape de chagrin ; ce
Pontife ne fut pas plûtôt mort, que par le
credit que vôtre Pere avoit au Conclave, il fit
élire un Pape qui étoit dans les interêts de fon
Maître ; c'eft pourquoi l'on peut dire, que fi le
Maréchal a fait étoufer un Pontife de chagrin :
il a reparé le mal qu'il avoit fait à l'Eglife, en
nous en donnant un autre de fa main.

Monfieur de Cominges faifoit de frequens
voyages à Paris, il arriva un matin comme la
Reine Chriftine étoit à fa Toillette, il lui
apporta des nouvelles de la Cour, & plufieurs
lettres, entr'autres une de Madamoifelle de
Montpenfier ; & une autre comme l'on croyoit,

de Madamoifelle de Guife : on mandoit à cette
Reine que l'on ne s'entretenoit que de baga-
telles , de Modes , de Rubans & de Coëfures au
Cercle de la Reine-Mere, depuis que fa Majefté
Suedoife étoit abfente, qui relevoit ces Converfations feminines des Dames à Tabouret ; que
la Reine de France qui étoit auffi fort éclairée,
faifoit de fon mieux pour engager les Ducheffes
à fortir de ces difcours pueriles , pour entrer dans
des Matieres plus relevées ; mais n'étant point
foûtenuë de fa Majefté Suedoife, que toûjours
le penchant des Dames à Tabouret les faifoit
contre le fentiment de la Reine-Mere , tomber
fur la mode des Coëfures & des Etoffes ; dans
les lettres on mandoit à la Reine Chriftine qu'elle
avoit été le jour d'auparavant tenuë fur le tapis
au Cercle de la Reine de France , que fes habits,
fa perruque , fes geftes & fes paroles, fort
approuvées de la Reine-Mere ; mais fort criti-
quées par les Dames qui compofoient le Cercle
ce jour-là : On agitoit la queftion de fçavoir,
comme la faifon étoit fort inégale, que les jours
étoient partagez de froid & de chaleur ; que le
matin on mouroit de froid , & l'aprés-dînée on
étoûfoit de chaud : l'on demanda les fuffrages
du Cercle, pour fçavoir fi les Dames pourroient
décemment porter des Manchons avec des Evantails , la pluralité des voix conclud d'en ufer
felon que les Dames jugeroient à propos ; fans
qu'elles pûffent être accufées de fingularité quand
elles porteroient un Manchon & un Evantail
enfemble , ou un des deux feparément : la
Reine Chriftine qui avoit fur le cœur d'avoir
appris qu'elle avoit été critiquée par le Cercle,
partit le matin en relais de Fontainebleau, dans

le deſſein de ſe trouver au Cercle du ſoir; elle
n'y fut pas plûtôt arrivée, qu'aprés avoir fait
ſes complimens à la Reine de France, elle dît
aux Dames du Tabouret, qu'elle avoit ſçû que
le jour d'auparavant on avoit agité la queſtion,
de ſçavoir, à cauſe de l'inégalité des Saiſons, ſi
l'on pourroit porter un Manchon d'une main &
un Evantail de l'autre; ſa Majeſté Suedoiſe leur
dît, Meſdames, on m'a rapporté que pour déci-
ſion, que vous êtes dans la liberté d'en uſer
comme vous jugerez à propos; mais je ſuis dans
un ſentiment contraire: car ſi j'avois autant de
credit en cette Cour qu'en la mienne, ou que la
Reine de France entrât un peu dans ma penſée,
elle défendroit les Evantails à la moitié de vous
autres Dames, étant déja trop évantées, & à
l'autre les Manchons, puiſque vous êtes plus
chaudes en cette Region que n'eſt une Reine du
Nort comme je ſuis.

La Reine Chriſtine revint à Fontainebleau, &
aprés huit jours d'abſence qu'elle paſſa à la
Cour, comme elle avoit le cœur gros des Plaiſanteries que les Dames de la Cour avoient fait
d'elle: Sa Majeſté avec étude & application,
cherchoit les moyens d'ériger ces mauvaiſes
Plaiſanteries en ridicules: elle nous dît que
Mademoiſelle de Montpenſier l'étant allé voir,
& s'étant déchargée le cœur, elle dît à cette
Alteſſe, que par bon-heur pour elle, qu'elle
avoit des ennemies qui n'étoient à craindre, ni
à pied ni le cul ſur la Selle; mais ſeulement
quand elles l'avoient ſur le Tabouret, vous
ſçavez qu'en cet équipage on ne ſe peut ſervir
d'autres armes que de la langue, je l'ai quand
je veux plus piquante que les Dames, n'ayant
fait autre choſe toute ma vie que de l'éguiſer,

E

me fervant du confeil des Auteurs les plus Sati-
riques, póur me défendre des coups que l'on me
porteroit ; cette Princeffe dît à la Reine, je ne
confeillerois à ces Dames en toutes façons, de
fe mefurer avec vôtre Majefté, leur converfation eft fi platte qu'elle eft rifible : J'avois quelques jours deux Duchefles à Luxembourg, qui
fe plaifantoient l'une & l'autre, fur leur coëfure
& leur ajuftement, il y en eût une qui dît à
l'autre, eft-il poffible, Madame, que vous ne
vous puifliez corriger de vous fournir de mouches au Palais, pour moi je vous protefte que
quand la bonne faifeufe fera morte, je renonce
de ma vie d'en porter.

Cominges, dît fon Alteffe, vous aviez oublié
à nous faire recit des plaifanteries que la Reine
Chriftine avoit fait fur les entretiens des Dames
de la Cour, qui n'avoient nullement fon approbation, puifque ces fortes de contes donnent
quelques relâchemens d'efprit, dît Monfieur de
Cominges à ce Prince ; je vous dirai que fa
Majefté Suedoife voyant une Ducheffe fort groffe
& prête d'accoucher : elle lui dit, Madame,
quelqu'un me difoit que vous ne vous faifiez pas
une affaire de mettre un enfant au monde : je
fuis fi bien fecouruë, dît cette Ducheffe à la
Reine, que je me fais un plaifir d'accoucher;
j'éprouve la verité de l'Evangile, qui nous fait
connoître que les douleurs de l'accouchement fe
tournent en joye, lorfque l'Accouchée void
qu'elle a fait ce grand ouvrage, de mettre un
homme fur la terre, qui va joüir de la lumieres
fi j'avois crû que cela pût être, dit fa Majefté
Suedoife, je ne ferois pas demeurée dans le
Celibat.

Depuis que je fuis en France, dît la Reine,

j'ait fait reflexion en considerant les Armes de
la Reine-Mere, & de toutes les Princesses &
veuves de qualité, qu'après la mort de leurs
Maris elles mettent une cordeliere au tour de
leurs Ecussons, à l'imitation d'Anne de Bretagne qui avoit épousé Charles VIII. Roi de
France, fils de Loüis XI. cette Princesse se
voyant dégagée & déliée du Mariage par la
mort du Roi son Mari, pour marque de l'entiere liberté où elle se trouvoit, elle fit mettre
une cordeliere au tour des Armes de France &
de Bretagne, avec cette Inscription, *j'ai le
Corps délié.*

Et moi je devrois mettre au tour des Armes
de Suede une cordeliere, & un peu changer
l'Inscription, *jamais je ne me laisserai lier le
Corps.*

Cette Düchesse grosse avoit donné une attention entiere à ce que sa Majesté Suedoise avoit
dit si spirituellement ; il est vrai, dit la Duchesse, que fort persuadée de la verité de ce que
l'Evangile nous enseigne ; & de plus, ayant une
entiere creance à ce grand accoucheur, la
Cuisse, la fameuse Robinet Sage-femme, que
cela me fait dévorer toutes les douleurs de mes
accouchemens ; ce qui est tellement vrai, que
je serois inconsolable de ma grossesse si j'avois
perdu, le Robinet ou la Cuisse.

Cette Duchesse sortant de la Chambre de la
Reine, il entra une Princesse qui faisoit porter
par une Damoiselle un ouvrage de Tapisserie de
point de Hongrie ; elle demanda permission à
sa Majesté Suedoise de travailler en sa presence,
disant que la Reine-Mere se faisoit un fort
grand plaisir de voir travailler les Dames devant
elle ; la Reine Christine repartit à cette Prin-

cesse, que cela suffisoit que cette mode fût du goût de la Reine de France pour qu'elle y donnât son approbation ; mais vous voulez bien que je vous dise ma pensée, Madame, vous connoissant de reputation comme je fais, je crois que lors que vous êtes chez vous dans vôtre grand Fauteüil, que vous travaillez en Point & ouvrage de Gronderie, & en presence de la Reine le cul sur le Tabouret, en ouvrage de la plus achevée Maligne.

Lorsque l'on ouvroit la porte pour faire sortir cette Dame, il entra un des fils d'un Secretaire d'Etat, ayant salué sa Majesté Suedoise, elle lui demanda si Monsieur son Pere ne feroit point imprimer de Memoires comme avoit fait Monsieur de Villeroi Secretaire d'Etat, pour apprendre à la Posterité & au Public la verité de l'Histoire : je vous demande cela, dit la Reine, que pour parler & entretenir la conversation ; car je sçai bien de bonne part, que l'on ne trouvera jamais des Ouvrages de vôtre Pere chez les Libraires & les Imprimeurs ; mais beaucoup dans toutes les Minutes d'une grande partie des Notaires.

Comme la Reine projettoit son voyage de Rome, elle disoit à une Princesse qu'elle ne verroit rien de nouveau en cette Capitale du Monde, puisqu'elle connoissoit par étude & les livres, la vieille & nouvelle Rome, tous les Quartiers, toutes les Ruës, Eglises, Palais, Fontaines & les Oblisques : une Duchesse qui n'étoit pas si sçavante en Geographie, ou plûtôt Topographie que la Reine Christine, lui demanda si Rome n'étoit pas en Italie, ce que Paris est en France, & si la Seine de Rome étoit aussi grande que celle qui passe sous les

Arches du Pont-neuf, fi la Samaritaine de là
jette autant d'eau, & fi le carrillon eft auffi
beau, la Reine de Suede fit un éclat de rire de
ces demandes : elle lui dît, il faut bien du temps
pour répondre à toutes ces queftions, je vous
dirai feulement qu'au bout du Pont-neuf de
Rome où il fait fort chaud, qu'il n'y a point
de Quai comme au bout du Pont de Paris, que
l'on appelle Quai des Morfondus.

Pour marque que cette Duchefle dont nous
venons de parler, que les demandes qu'elle
faifoit ne provenoient pas de fon ignorance, &
d'une trop grande ingenuité, elle fit une reflexion fur la Cour de Rome affez plaifante ; j'aimerois fort Rome, dît cette Duchefle ; mais
quand je fonge que je ferois tout de bout &
fans Tabouret, cette penfée m'a fait perdre le
deffein d'y aller demeurer, il faut que je m'in-
forme au Cercle chez la Reine, fçavoir fi le
Pape fe marioit, fi les Duchefles n'auroient
pas le Tabouret au Vatican.

Il faut avoir une ambition démefurée, dît la
Reine Chriftine, de prétendre aux honneurs du
Vatican ; c'eft dans cette Region où fe forment
les Foudres de l'Eglife ; c'eft dans ce lieu facré où
l'on reçoit par les mains du Souverain Pontife
les Inveftitures & les Couronnes des Empereurs
& des Rois ; c'eft dans cette augufte Boutique
où l'on fabrique ces excellens Chapeaux rouges
qui font teints ; comme le Pape les garantit du
précieux Sang de Jefus-Chrift, qui fait que
celui qui eft affez heureux d'en avoir un en
partage, fa Sainteté le met en paralele avec
les plus grands Monarques de la terre ; l'on eft
perfuadé à Rome que l'on a la tête auffi hono-
rablement couverte d'un Chapeau rouge, que

fi on avoit une Couronne fermée.

La Reine demanda fi ce Prince Polonnois qui avoit été fi long-temps à Rome étoit forti, elle dît qu'il n'y avoit qu'une heure qu'il lui contoit que pendant fon féjour à la Cour du Pape, il avoit appris avec quelle chaleur plufieurs Prelats follicitoient, même avec peu d'efperance d'y réüffir, des Chapeaux de Cardinal : Ce même Prince aprés fon voyage d'italie vint à la Cour de France, où il ne fut pas long-temps fans y avoir de fort agreables habitudes, il voyoit ce que l'on appelle petits maîtres, & même il étoit de toutes les parties avec cette brillante jeuneffe ; il connoiffoit les fujets & les perfonnes qui étoient dans le pofte prochain d'entrer dans les premieres Dignitez, & ceux qui par leurs bravoures, fecondée de leur adreffe & tours de foupleffe, vouloient tirer des Bâtons de Maréchaux des mains du Roi ; mais ce Monarque plus adroit & plus penetrant que ces Courtifans, ne laiffoit échapper de fes mains ces Bâtons de Commandement, que quand il avoit pris la refolution de les abandonner aux Pourfuivans ; ce qui fit dire à ce Polonnois, que fa Majefté étoit plus ciche de Bâtons, que fa Sainteté de Chapeaux.

Et comme un des amis de ce Prince lui demandoit fur quelle raifon il étoit fondé, de publier que le Roi de France n'abandonnoit pas fi aifement les Bâtons que le Pape fes Chapeaux, il dît une raifon que l'on trouva affez fpecieufe, alleguant que fa Majefté Trés-Chrétienne n'étoit Marchand de ce Bois, quoique fort précieux, puifque ce n'étoit que par le feul merite, & non pas l'argent qui le tiroit des mains du Monarque ; qu'il étoit vrai auffi

que le Pape avoit cette regularité & generosité
de ne point vendre de Chapeaux ; mais comme
presque tous les Souverains Pontifes travaillent
à l'élevation de leurs Familles , les Neveux
demandent d'ordinaire la promotion au Cardinalat pour les Officiers de la Chambre , afin de
rendre par ces promotions les Charges vacantes,
dont les parens de sa Sainteté qui les obtiennent
vendent très-cherement ; ce qui est tellement
vrai , que ce Polonois nous assûroit qu'il avoit
vû l'Abbé Raggi , né d'une famille Genoise &
fort riche , Neveu du Cardinal de ce nom , que
les Neveux du Pape avoient fait promouvoir
au Cardinalat , pour vendre la Charge qu'il
avoit sur sa tête : Cette Eminence disoit à son
Neveu l'Abbé , qui ne s'attachoit point aux
Sciences ni aux Lettres , ne vois-tu pas , disoit
ce Cardinal à cét Abbé , comme les Lettres ont
causé mon élevation ; il est vrai , dît l'Abbé à
cette Eminence , que ce sont *mai le Lettre di*
*cambio* ; mais les Lettres de change qui sont
cause de vôtre Promotion , que si vous n'aviez
eû que les Lettres qui sont dans vôtre tête , sa
Sainteté ne se feroit pas mis en peine de les
couvrir d'un Chapeau rouge.

La Reine Christine dît, pour peu d'esprit qu'il
y ait sous un Chapeau rouge, cela le fait mer-
veilleusement briller , & quand on en a autant
qu'en avoit le Cardinal de Richelieu , cela
éblouît non-seulement un Royaume ; mais même
les Etats les plus éloignez : il arrive souvent
que les plus beaux esprits sont les plus mal logez,
le Cardinal de Richelieu au milieu de tant de
biens , d'honneurs & de dignitez , voyoit avec
tout le chagrin possible qu'un genie transcendant
comme le sien , étoit obligé d'habiter un corps

le plus corrompu & le plus mal conftitué qu'il
fe pouvoit voir ; cela l'obligeoit de ne vivre
que d'artifice , & de faire de fon ventre une
boutique d'Apothicaire , cét Officier étoit le
plus utile & neceffaire de fa Maifon , ne fe
pouvant pas paffer de fon miniftere un feul jour,
comme vous allez voir : une nuit fe trouvant
confiderablement preffé & opprimé d'une douloureufe Colique , il appella fon valet de Chambre qui étoit couché prés de fon lit , pour
avertir fon Apothicaire de lui aporter en diligence
un lavement, ce Pharmacien étoit beaucoup plus
malade que ce Cardinal , ce qui l'obligea
d'envoyer fon Maître garçon pour faire en fon
abfence fa fonction , il inftruifit fon compagnon,
non pas fur l'operation qu'il alloit faire , parce
qu'il étoit auffi habile que fon Maître dans fon
métier ; mais fur la maniere de parler à un fi
grand Cardinal , & fur tout de parler toûjours
d'Eminence : ce compagnon fut porter ce lavement , & dît à fon Eminence , que fon Maître
étant dangereufement malade , lui avoit ordonné
de remplir fes fonctions ; le Cardinal fe mit en
pofture de recevoir le Remede, le premier valet
de Chambre tenoit la bougie , le Compagnon
voulant mettre le canon , & voyant que Monfeigneur le Cardinal avoit des Hemorroïdes au
fondement qui empêchoient l'entrée du canon,
ce Compagnon dît à fon Eminence , apprehendant
de le blaiffer, s'il plaifoit à vôtre Eminence de
mettre elle-même le canon , parce que vôtre
Eminence a deux Eminentiffimes excrefcence de
chair, & cinq ou fix Eminences auprés du fondement qui empêchent l'entrée du canon ; allez
mon ami, dît Monfieur le Cardinal , vous pouvez affurer vôtre Maître que fans fa Colique je

ferois

ferois güeri de la mienne ; que vous êtes peu
experimenté Seringueur , & encore plus mauvais Orateur.

J'avoüe que le mot d'Eminence avoit flaté
mes oreilles jufqu'à ce jour ; mais je confeffe
qu'en ce moment il m'a tout-à-fait chagriné,
par le méchant ufage que l'on a fait de ce mot :
car j'étois perfuadé que c'étoit ma tête qui
portoit la livrée de ma Dignité, je n'aurois pû
m'imaginer que des Hemorroïdes puffent multi-
plier les honneurs du Monde.

Le lendemain que le Cardinal de Richelieu
fe trouva entierement gueri de cette douloureufe
Colique , & que les épointillemens des Hemorroïdes & les douleurs de la Goute lui avoient
donné quelque treve, il fe mit à plaifanter avec
Mr. Lefcot qu'il avoit fait Evêque de Chartres,
fur l'expreffion du garçon Apoticaire ; Monfieur
de Chartres lui dît, je fouhaiterois, Monfeigneur, que vous tinffiez fi bas toutes ces Eminences , où ce Compagnon veut qu'elles foient
placées, que vous en difposeriez plus que fi elles
étoient dans vôtre manche , nous vous verrions
bien-tôt la Thiare fur la tête, & moi j'aurois
dans peu un Chapeau rouge qui couvriroit la
mienne.

Il faut , dît fa Majefté Suedoife, puifque je
fuis fur le chapitre du Cardinal de Richelieu ,
que je parle auffi de Dom du Pleffis Chartreux,
frere de cette Eminence , pour marquer le credit
abfolu qu'il avoit fur l'efprit de Loüis le Jufte ;
ce fut de faire fortir fon frere d'une Cellule de
Chartreux, pour le mettre fur le Theatre du
grand Monde , en faifant teindre fon habit blanc
en rouge , en lui mettant en main la Croix de
la Primatie des Gaules , qui eft jointe à l'Ar-

F

chevêché de Lion : ce bon Chartreux se trouva
enyvré de toutes ses Dignitez, il se crût Dieu
le Pere, disant qu'il ne pouvoit être Jesus-
Christ, parce qu'il se souvenoit fort bien qu'il
n'avoit point soûfert le supplice de la Croix,
ne portant pas même les Stigmates comme saint
François sur son corps ; ce Cardinal de Lion
n'avoit que la Calotte rouge avec l'habit blanc
de saint Bruno, dont il envoya un Portrait si
achevé & comme parlant, pour, disoit-t-il, que
son frere le Cardinal de Richelieu pût obtenir
grace de leur Patriarche d'avoir déserté, puisque c'étoit par les conseils & suscitation de son
frere de Richelieu qu'il s'étoit tiré du Cloître
des Chartreux, & de changer les legumes de
ces Solitaires en bisques & piramides de gibier :
ce Cardinal de Lion écrivit à son frere en lui
envoyant ce Portrait de S. Bruno, & lui mandoit que cette Peinture étoit un chef-d'œuvre
de l'art ; son Eminence de Richelieu lui faisant
réponse, convenoit avec lui de l'excellence de
la peinture de ce Portrait, qu'il étoit persuadé
que saint Bruno lui parleroit tous les jours, si
sa Regle lui permettoit quelques momens de
rompre le silence.

Je n'ai jamais vû ce Cardinal blanc, dît sa
Majesté Suedoise ; mais j'ai vû les œuvres sça-
vantes du Cardinal noir qui étoit Jesuite, qui
n'avoit jamais voulu prendre de rabat, & toûjours porté l'habit noir de saint Ignace, comme
le Cardinal de Lion celui de saint Bruno : le
Loyola étoit bien plus sçavant que le Brunoniste,
ce Jesuite étoit le Pere de Lugo, que le Pam-
phile Innocent X. avoit promeu au Cardinalat,
avec le Commandeur de Valançai, de l'Ordre
de saint Jean de Jerusalem ou de Malthe, qui

avoit fervi dans les Armées de fa Sainteté, avec
la fatisfaction du S. Siege, le Pere Lugo étoit
de la Compagnie de Jefus, & d'un merite
diftingué pour fon fçavoir : le Pape Innocent
tint Confiftoire pour déclarer Lugo & Valançai
Cardinaux; il dît en Latin, *Fratres habemus,*
*unum quem fecit gladuis alterum lingua,* je vous
donne deux Freres, l'un qui s'eft aquis fon
Chapeau par fon épée, & l'autre par fon grand
fçavoir & fon éloquence; le Doyen du Sacré
College répondit fur le champ & fans premidi-
tation, *in illo Ecclefia habebit lumen in altero*
*columen,* dans ces deux Sujets que vôtre Sainteté nous propofe, en l'un l'Eglife trouve fon
appui, & dans l'autre une lumiere qui la doit
éclairer.

Aprés la mort du Pape Altieri, tous les
Cardinaux fe rendirent à Rome dans le temps
prefcrit pour l'élection d'un nouveau Pontife,
aprés la Meffe du faint Efprit, qui fe celebre
tous les jours pendant la vacance du S. Siege,
les Cardinaux François, qui étoient de Retz,
de Boüillon, Bonzi, Grimaldi & d'Eftrée,
conferoient enfemble fur les affaires du Conclave, le Cardinal Maldachini furvint, & interrompit ces Meffieurs, en leur difant, de quoi
vos Eminences s'entretenoient-elles, l'un des
Cardinaux lui dît, nous parlions de mettre la
Thiare fur vôtre tête, ce n'eft pas, lui dît Maldachini, la premiere coyonnerie que vous auriez
faite en vôtre vie.

Voila bien de la matiere, dis-je à Monfieur
de Cominges, que fa Majefté Suedoife nous a
donnée pour entretenir fon Alteffe lorfque la
pointe de fa Goute fera un peu émouffée : je fus
prendre congé de fon Alteffe, qui me dît, fi

j'étois à vôtre place, je me releverois les nuits
pour apprendre à joüer aux Echets, pour avoir
l'honneur de battre le Prince de Condé; il arriveroit, lui dis-je, Monseigneur, que l'insomnie
me rendroit fol, & de plus encore, je serois
battu.

Il faut que je tâche de me conserver un peu
de bon sens, pour pouvoir approcher du Maréchal de la Ferté, qui est un Heros d'un plus
bas alloi que vôtre Altesse.

Comme j'avois pris resolution d'aller voir
Monsieur le Maréchal de la Ferté, dans son
Château de Gravelle prés Estampes, il crût
que pour payer mon Hôte de la dépense de mon
séjour, qu'il falloit aller un jour ou deux à
Versailles pour lui apprendre des nouvelles de
la Cour : j'arrivai à Gravelle fort tard, je
trouvai le Maréchal prés de son feu & proche
d'une table à deux couverts, à mon arrivée il
appella son Officier qui étoit proche de là, &
sans attendre mon compliment, il cria un
couvert, celui pour qui je le demande, n'est
point un surnumeraire : Monsieur, me dît le
Maréchal, nous aurons à nôtre table un homme
de qualité qui n'est point encore descendu de sa
chambre, qui est un des plus mal-propres Gentil-
homme que vous connoissiez, il ne veut porter
ni cravate ni rabat, je vis arriver un R. P.
Jesuite, homme de qualité comme je l'ai appris
dans la maison; comme la table fut couverte,
le Maréchal marquant la place du R. P. lui dît,
mettez-vous là, Monsieur de Loyola, je ne
vous convie point de vous mettre au bout, parce
qu'on dit que chez les Officiers de la Couronne
on met toûjours au bout de la table un Evêque
ou un fol.

Pour vous, mon R. P. j'apprens qu'aprés vos Vœux vous renoncez à l'Episcopat, & que dans la Compagnie de Jesus il n'y a point de fols; on peut donc dire que les Jesuites ne veulent ni fols ni Evêques dans leur Ordre ; c'est pourquoi, point de haut pour un Jesuite.

Le Maréchal aprés avoir servi à table quelque piece de gibier, dît au R. P. le vin & les pots ne donnent-ils pas la licence de dire ingénûment les sentimens aprés y avoir fait reflexion, je trouve que j'ai fait une faute dans laquelle je ne tomberai jamais, je vous donnerai une autrefois le bout de la table ; car entre nous autres Mondains qui n'avons pas les lumieres que vous avez, nous estimons qu'un Moine est un fol qui refuse d'être Evêque.

Le Maréchal porta la santé du R. P. aprés avoir bû il dît, il faudroit me déloger de ce grand & spatieux Hôtel de la Ferté, & me mener pieds & mains liées aux petites Maisons, de vouloir faire passer vôtre Societé pour une Compagnie de fols, puisque je sçai que c'est de vôtre Illustre Corps, que nôtre penetrant & Incomparable Monarque a choisi ce digne Sujet qui dirige sa conscience ; mais je vous avoüe que je ne me possede pas, quand je fais reflexion que j'ai mis au monde un fils que je ne tiens pas assez sage pour être dans une Societé de gens si éclairez, je me vois à la veille de le voir quitter son rabat pour toûjours, & quand il seroit nuë tête toute sa vie, il mourroit plûtôt de froid que de ramasser une Mitre pour la couvrir ; car pour un Chapeau, je n'aurai pas assez de vie pour lui en obtenir un, & on verra mourir le fils du Maréchal de la Ferté, nuë tête & sans rabat.

Le Maréchal demanda à boire , & bût à ma santé dans un gobelet d'or , & commanda au Sommelier d'en apporter un autre de pareil grandeur , dont il voulut que je me servisse.

Il nous dît , voila de mes meubles de Lorraine, n'est-t-il pas vrai, Messieurs, que la renommée me fait bien riche ? Mais dites-moi , je vous prie , qu'auroit dit nôtre Roi, qui est le plus genereux & magnifique Prince du monde , si on lui étoit venu rapporter que l'on auroit trouvé sur le chemin de Lorraine le Maréchal de la Ferté revenant avec une écuelle de bois.

Aprés souper le Maréchal me dît , mais Mr. vous m'avez ce me semble assûré que vous veniez de Versailles , & vous ne rapportez rien de nouveau ; j'aimerois autant que vous eussiez été au bout de la ruë d'Enfer, où est le Convent des Chartreux , qui sont gens silentieux comme vous sçavez , que d'avoir été sur le Theâtre du grand monde , & n'avoir rien de nouveau à nous dire. Il s'est fait une Chasse du Cerf , lui dis-je , qui a donné pendant deux jours matiere de rire à toute la Cour, le Marquis de Saucourt Grand Veneur de France , en poursuivant un avec les grands Chiens du Roi dans la Forêt de saint Germain , ce Cerf fut poussé avec tant de violence par les Piqueurs & par les chiens , que ce pauvre animal trouvant la porte d'une chambre basse ouverte où étoit une Païsanne , qui étoit depuis 24. heures dans les douleurs pour accoucher , cét animal entra , effrayé & poussé par la violence des chiens , sauta pardessus le lit de cette pauvre femme , & cinquante chiens qui étoient à la queuë du Cerf firent le même saut : la Patiente fût de telle sorte épouvantée de cette avanture , & du bruit des Cors & des

chevaux, que cette furprife & cét effroi lui fit
mettre un enfant au monde, cette avanture
divertît une foirée toute la Cour : Monfieur
Vallot premier Medecin du Roi, qui entendit
ce recit, dît que toute la faculté de Medecine
tenoit que l'eau de tête de Cerf étoit tout-à-fait
bonne pour faciliter le travail d'une femme dans
les douleurs ; mais que jufques à prefent il avoit
ignoré que le faut d'un cerf pardeffus le lit
d'une femme fuivi de cinquante chiens, fût plus
fouverain pour faciliter les Couches que l'eau
de la tête du cerf; c'eft de quoi il n'avoit point
encore entendu parler, & que dorénavant il
en vouloit profiter.

Le Comte de Nogent voyant que le Marquis
de Saucourt portoit au Roi le pied du Cerf,
qui avoit facilité l'enfantement de la Païfanne,
Nogent s'en fut à la Chambre de la Reine pour
plaifanter de cette avanture, où il y avoit des
Princeffes & plufieurs Ducheffes, il fit un recit
du prompt foulagement de l'Accouchée, qu'elle
reçût par le faut que le cerf avoit fait pardeffus
fon lit : Il dît, Mefdames, vôtre Mr. de la
Cuiffe ce celebre Accoucheur, avec fon eau
fimple de tête de cerf, dont il vante tant l'ufage;
ce grand Cerf qui vient de rendre les derniers
abbois, lorfqu'il étoit allaigre & bien difpos,
a bien plûtôt tiré la Païfanne d'affaire que ce
fameux Accouchéur, fi cét habile Cerf avoit
vécu, dont le Roi a prefentement le pied, il
auroit ruïné la Cuiffe.

Nogent après avoir dit fon Rôlet, fortît fort
brufquement de la chambre de la Reine, difant
en courant, comme s'étoit fa coûtume, je vas
dire au Roi, que fi le grand Saucourt fait des
malades de la maladie de la Païfanne, qu'il

a trouvé un remede prompt pour les secourir.

Le Maréchal prit la parole, & dît, si la Duchesse de la Ferté ma femme avoit été proche
de la Reine lorsque l'on lui fit ce recit, elle lui
auroit dit que dans ses Couches, elle n'a besoin
ni d'eau de tête de Cerf ni du saut qu'il pourroit faire, & mêmè nous n'avons point eû besoin
du ministere de la Cuisse, la Maréchalle à ce
qu'elle dit, ne leve que sa cuisse pour accoucher.

Le lendemain de mon arrivée à Gravelle, je
fus donner au matin le bon jour au Maréchal,
il me dît en tournant la tête vers son Ecuyer,
qui est du nom de Quatre-barbes, si ce nom n'est
pas beau, il passe pour être bon, je ne sçai
comment peut faire ce Gentil-homme avec ce
grand nombre de Barbes; car je n'en ai qu'une
qui me donne bien de la peine.

Il demanda à son Valet de chambre si l'eau
étoit chaude pour lui faire la Barbe, & ce
faisant raser il tourna la tête, & me dît, à
veille Mule frain doré.

Comme la Maréchaussée étoit souvent chez
lui, à cause des emplois de Monsieur le Maréchal de Villeroi son ancien, il vint dans sa
chambre un Garde de la Prévôté de l'Hôtel,
qui lui dît, Monseigneur, voila dans la cour
du Château Monsieur de Bergamon, que j'ai
été assigner de vôtre Ordonnance ; comme je
connoissois ce Gentil-homme , parce que ses
Parties qui étoient des gens de la premiere qualité de Bretagne, m'avoient fait prier de recom-
mander leur affaire au Maréchal : je lui demandai qui étoit Bergamon, & qu'il étoit parmi la
Noblesse, il dît, ce que la Bergame étoit auprés
de la Haute-lisse ; le Maréchal qui avoit l'esprit
trés-penetrant , ne considera plus Bergamon que
comme

comme un homme de rien , il le brusqua fort
souvent dans le recit qu'il lui faisoit de son
affaire , étant encore accusé d'avoir filouté au
jeu des Gentils-hommes Bretons , lesquels depuis ce temps-là ont été soupçonnez d'avoir fait
assasiguer ce prétendu filou au sortir du jeu de
la Bassette : le peu de qualité de cét homme,
& la reputation de filou , quoi-que peut-être
ne le fût-il pas, le faisoit traiter par le Maréchal un peu cavalierement : le Maréchal ne
pouvant plus supporter la mauvaise haleine de
Bergamon , qui lui parloit un peu trop prés,
il prit occasion de mettre le bout de sa canne
dans de l'ordure , & la mettant sous le nez de
Bergamon , nous pouvons à present parler en-
semble but à but , & tant qu'il vous plaira.

Comme le Maréchal le soir se trouvoit fort
incommodé de sa Goute , il témoigna se vouloir
retirer , je lui donnai le bon soir : comme je fus
dans ma chambre, croyant peut-être que je ne me
voudrois pas coucher de si bonne heure, il m'envoya trois ou quatre livres pour en choisir un
qui me pût divertir , une description d'Asie
me plût , je la retint pour la lire , & je jettai
les yeux sur un chapitre qui étoit de mon goût,
qui est la description du Mont-Sinaï si célebre,
à cause que c'est le lieu où Moïse a eû une si
longue conference avec Dieu , ensuite de laquelle
le Createur du monde lui laissa ses Commandemens : on dit que ce fut un Empereur Grec
nommé Justinien, qui fit bâtir un Convent pour des
Caloyers , ou Religieux Grecs de l'Ordre de S.
Bazile : même on rapporte que le faux Prophete,
pour l'amitié qu'il portoit à un Religieux de ce
nom , fit de grands dons à ce Convent, lui
accorda de trés-beaux Privileges , & entr'autres

une Exemption de tous Impôts & Subfides, ce
qu'il leur octroya par une Patente fignée de fa
main, qu'il parapha à fa maniere, en la trem-
pant dans un grand baffin plain d'encre, l'im-
pofant fur le parchemin; il eft très-conftant
que Mahomet ne fe fervoit point d'autres plumes que de fa main : je fis le récit au Maréchal
de ce que j'avois lû; il prit la parole, & dît,
que s'il avoit été obligé lorfqu'il étoit en Lorraine, de figner tous fes Ordres, Paffe-ports,
Sauf-conduits & autres Expeditions, qu'il lui
eût fallû toutes les femaines un poinfon d'encre,
& cent rames de papier pour faire de pareils
paraphes, cette maniere d'écrire ne feroit pas
agreable en poulets; mais fort utile pour le
General des Poftes & les Marchands de Papiers
quelqu'un de la compagnie répondit au Maréchal, ce feroit un prodigue gain pour les
Traitans du papier marqué, s'ils pouvoient
obliger tous les Sergens, Procureurs, Notaires,
Greffiers, & autres gens de Juftice, de figner
leurs Expeditions avec une pareille Signature,
la Marque du papier feroit un Perou dans ce
Royaume.

Le Maréchal recommença à parler, difant
qu'il avoit autrefois lû l'Hiftoire des Turcs, &
qu'il fe fouvenoit fort bien que ce fut Selim
Empereur des Turcs, qui d'autôrité enleva cette
précieufe Relique & Patente qui étoit dans le
Monaftere de ces Caloyers; c'étoit une double &
veritable Patente, puifqu'elle étoit revêtuë de
toutes fes formes; & qu'outre cela, que c'étoit
la figure exacte de la Patte de Mahomet, qui
eft la plus grande Relique des Ottomans.

Le premier jour que le Maréchal arriva à
Nanci, il nous dît qu'il avoit trouvé les Offi-

tiers de la Maison de Ville à la porte, qui l'attendoient avec du pain & du vin ; il leur dît, Messieurs, vous voulez-bien que je vous dise que vous me traitez comme un gueux à qui on refuse l'entrée d'une Maison, on porte à un teigneux à manger à la porte, de peur qu'il ne dégoûte les gens du Logis, je n'ai point de bilac de toille pour mettre le pain, & encore moins de gourde pour recevoir vôtre vin, mon Sommelier vous dira la qualité & quantité du pain qu'il me faut, & de quel vin je veux boire.

Les Officiers de la Maison de Ville se voyant rebutez comme ils avoient été par leur Gouverneur, s'assemblerent en Corps pour lui faire un present qui le pût satisfaire, ils lui presenterent une bourse de cent Jettons d'or, où d'un côté il y avoit cinq Fusées, & de l'autre étoit la figure de la Ville, ces Fusées sont les Armes de la Ferté ; ces Jettons furent bien-tôt frappez, les Députez lui porterent la bourse de Jettons, il les remercia, & leur dît, je vois bien mes Armes d'un côté ; mais de l'autre, quelle Bicoque a-t-on voulu representer, ils lui dirent, Monseigneur, c'est la Ville où nous sommes, vous ne faites pas grand honneur à Nanci, de la dépeindre comme un méchant Village ; croyez-moi pour l'honneur de la Patrie & de mon Gouvernement, faites faire un volume deux fois plus grand, & nous aurons le plaisir de voir une belle & grande Ville : l'on ne perdit pas un moment à travailler à d'autres Jettons d'un fort grand volume ; en les presentant il les soûpesa à la main, & les regardant il dît, il n'y a rien de si beau que de voir une belle Ville fortifiée de gros Bastions d'or, & des Maisons & Clochers de même ; vous travaillez pour

vôtre gloire & la mienne en me faisant ce
present ; car il est très-beau d'être Habitant
d'une Ville d'or , & encore plus avantageux,
dirent les Echevins , d'en être Gouverneur.

Les Habitans de Nanci depuis la bourse des
grands Jettons donnée contre leur gré , quand
ils voyoient dans les ruës passer des gens de
livrées de leur Gouverneur , ils crioient hautement , voila des valets de pied du Grand-Turc;
ce qui étant rapporté au Maréchal , il jura que
le premier Habitant qui tomberoit dans quelque
faute , il le feroit pendre , pour les confirmer
qu'il étoit ce redoutable Grand-Seigneur : on
luit dît qu'un apprentif Serrurier qui étoit natif
de la Ville , avoit pris de l'argent du Roi pour
s'enrôler , & qu'il avoit déserté, qu'on l'avoit
pris & mené prisonnier : il faut sçavoir que ce
jeune homme avoit une bonne femme de mere,
qui voulant faire apprendre à ce fils le métier
de Maréchal , ses amis lui conseillerent de le
mettre plûtôt chez un Serrurier, que le métier
étoit plus joli & industrieux que celui de Maréchal , ce qui fit prendre resolution à cette femme
de mettre son fils chez un Serrurier : le Maréchal de la Ferté sçachant que ce déserteur étoit
dans les Prisons, pour empêcher les désertions,
& pour exemple , il ordonna au Conseil de
faire pendre le déserteur : il y eût bien-tôt
condamnation de mort contre l'apprentif, la
mere fut conseillée de s'aller jetter aux pieds
du Gouveneur pour obtenir la grace de son fils,
elle fut se prosterner aux genoux de celui qui
pouvoit rendre la vie à qui elle l'avoit donnée;
en voyant ce Seigneur , & baignée de ses
larmes, elle se mit à crier, ah ! Monseigneur
le Serrurier, donnez au nom de Dieu la vie à

mon pauvre enfant : le Maréchal étonné de ce que cette femme le traitoit de Serrurier au lieu de Maréchal , quelqu'un qui étoit auprés de lui , dît les raisons que cette femme avoit de le traiter de Serrurier au lieu de Maréchal : il la prit par la main , lui disant , vas ma commere, je donne la vie à ton fils ; le Roi m'a fait l'honneur de ne me donner qu'un Bâton de Maréchal , & tu me donne la clef de Serrurier; il est certain qu'une Clef est plus honnorable qu'un Bâton , puisque les Papes qui sont au-dessus de toutes les têtes Couronnées portent deux Clefs en sautoir, comme les Maréchaux des France font des Bâtons ; ayant donc renchéri sur la dignité que le Roi m'a donnée, il ne seroit pas juste de faire pendre le fils de ma bien-factrice.

Comme cette femme s'en alloit pâmée de joye d'avoir obtenu la grace de ce cher enfant , le Maréchal la fit rappeller, & lui dît, ma commere , dites à vos voisines que je leur apprendrai à m'appeller Grand-Turc ; ils n'ont pas raison de vous nommer ainsi, Monseigneur; car si vous l'aviez été, vous n'auriez pas donné la vie à mon pauvre enfant , je leur dirai bien que vous êtes un fort bon petit Turc : apprenez ma commere, que si Jupiter m'avoit fait Turc , que je voudrois être Grand-Turc , & non pas simple Janissaire.

Une bonne femme du même caractere que celle qui le faisoit de Maréchal Serrurier , vint se plaindre à lui de ce que ses Dragons avoient emporté tout le linge & tours de lit de sa Maison, le Maréchal lui dît , ma commere, je vois bien que vous vous trompez ; car si c'étoit les Dragons de mon Régiment , vous seriez venuë icy fans fouliers, ils n'en laiffent qu'à ceux à qui ils ne peuvent les prendre.

Un foir qu'il n'avoit point la goute, il nous conta comme il avoit détrompé le Roi de ce qu'on lui avoit dit, que la Maréchalle de la Ferté étoit une empoifonneufe ; il faut fçavoir, nous dit-il, que les Penitenciers de N. D. de Paris donnerent avis à Mr l'Archevêque que les poifons étoient fort frequens en France, principalement à Paris, ce Prelat en avertit fa Majefté, afin qu'il lui plût par fon autôrité & fa prudence arrêter le cours d'un crime fi énorme, dont les plus habiles & les plus braves ne font point à couvert ; ce qui obligea le Roi de faire expedier des lettres au Sceau, pour établir des Commiffaires pour faire le procez aux Empoifon-neurs : beaucoup de gens furent foupçonnez, & peu de convaincus, la Maréchalle de la Ferté fut du nombre de celles qui furent accu-fées mal-à-propos : le Maréchal dît, que voyant fa femme en adjournement perfonnel décerné par les Commiffaires, il fut trouver le Roi, lui remontrant que ces Commiffaires ne fça-voient le Droit, qui dit que la femme, *radiis maritalibus corrufcat & particeps, eft honnorum & dignitatum mariti* ; c'eft-à-dire, qu'une femme brille des rayons qui environnent fon mari, & qu'elle partage avec lui tous les honneurs & dignitez ; que cela étant, qu'il eft inoüi que des Juges Commis puiffent décreter contre une Du-cheffe & Maréchalle de France, le décret ne pouvant être décerné valablement contre la femme d'un Officier de la Couronne & Pair de France, que par le Parlement, les Chambres Affemblées ; voilà quant à la procedure qui eft vicieufe : Mais pour en venir au fond, il dît,

Sire, vôtre Majesté verra que la Maréchalle est calomnieusement accusée : elle peut être tombée dans quelques fautes que j'ignorent plus que les autres maris ; mais pour être Empoisonneuse, elle ne l'a jamais été ; car si cela étoit, il y auroit plus de dix-huit ans que je ne serois plus au monde.

Vous voyez par le raisonnement que le Maréchal faisoit, qu'il sçavoit aussi bien le Droit que ranger une Armée en bataille : Et quand il prenoit aussi adroitement comme il faisoit sans faire crier les Lorrains, ce profit étoit toûjours pour son Maître, puisque sa Majesté étant encore mineure, de l'avis de la Reine Regente sa mere, & du Cardinal Mazarin premier Ministre, le Roi abandonna generalement tous les revenus de la Lorraine & les dons gratuits que ce Gouverneur pourroit recevoir, sous quelque couleur que ce pût être, à condition que le Maréchal entretiendroit & leveroit 12000. Hommes de pied & 6000. Chevaux : ce Seigneur y mettoit plûtôt du sien que de manquer aux clauses du Traité que j'ai vû, qui étoit signé du Roi, de la Reine & du Cardinal Mazarin ; quoi-que ce Gouverneur fût fort reconnoissant des graces que sa Majesté lui avoit faites, & principalement de l'avoir fait Maréchal, neanmoins il ne s'étoit jamais voulu rabaisser pour ferrer la Mule du Roi.

Un jour sortant de dîner, on vint dire au Maréchal que Monsieur de Moisnich Gentil-homme Ecossois, qui avoit été Capitaine de ses Gardes en Lorraine, descendoit de cheval pour le venir saluer, ce Moisnich étoit le bien-aimé & dépositaire des secrets de son Maître : le Maréchal dît en le voyant entrer dans sa Cham-

bre, tu viens trop tard, nous avons dîné, &
tu ne trouveras plus rien dans la Maison : je ne
sçai, dît Moisnich, comment vous avez fait,
Monseigneur, je l'ai laissée quand je suis parti
bien garnie : voila deux Gentils-hommes de ce
voisinage qui descendoient en même temps que
moi, qui vous demandent Audience, ce sont
deux Gladiateurs, qui sont accusez de s'être
donné rendez - vous pour se battre en duel, je
connois leur nom & leur bravoure, ce sont les
Sieurs de la Frange & du Coulombier, qui sont
de la Paroisse de saint Maurice à trois lieuës
d'ici ; je croi que ces Braves ne se sont jamais
transportez sur le Pré par des desseins criminels,
& que ce n'étoit que pour le saucher.

Moisnich, dît le Maréchal, dans ce rencontre
vous vous abusez, je suis informé de la chose
comme elle s'est passée par des témoins irreprochables : Il est certain que du Coulombier se
trouvant choqué, de ce que la Frange s'étoit
ingeré de prendre du pain benît devant lui dans
la Paroisse, il lui envoya faire un appel par
écrit, lui désigna le lieu & l'heure pour se couper la gorge ; du Coulombier y fut, & trouva
la Frange déja arrivé, l'un & l'autre furent
fort surpris de s'être trouvez dans ce fâcheux
rendez-vous, du Coulombier dît à son ennemi,
qui diable auroit crû que vous fussiez venu ici,
je croi que nous nous cherchions l'un & l'autre
sans nous vouloir trouver ; mais puisque nous
sommes ici, il seroit honteux d'en sortir sans
rien faire, ils convinrent entr'eux qu'ils mettroient leurs épées bas, & qu'ils se battroient à
coups de poing ; les laboureurs & vignerons qui
travailloient dans les Champs s'apperçûrent de
ces gourmades, ils vinrent les separer, & virent

beaucoup

beaucoup de fang répandu , parce que l'un avoit
le nez caffé , & l'autre les dents : & puis ils
se dirent l'un à l'autre , n'avons nous pas fait
une aufli belle action de nous battre à coups de
poing qu'à l'épée , puifqu'il y a bien des com-
bats à l'épée & au piftolet , où il ne s'eft pas
tant épanché de fang que dans le nôtre.

Aprés le recit que le Maréchal nous fit de ce
combat , dont il avoit appris toutes les cir-
conftances par les gens qui avoient feparé ces
Duelliftes : Laquais , faites entrer ces Braves,
dît le Maréchal , Meffieurs nous allons voir une
Comedie , Moifnich fit tirer à la courte paille
ces gens fi jaloux du point d'honneur , lequel
des deux pafferoit le premier à la porte , le fort
fe déclara pour le Sieur de la Frange , & du
Coulombier fut obligé par là de marcher derriere : le Maréchal en les voyant entrer dans fa
Chambre , dit , voilà des Meffieurs qui font
grand état des Edits & Déclarations du Roi,
qui défendent avec tant de rigueur les Duels,
cependant vous êtes convaincus par témoins irreprochables que vous vous êtes battus , & même
qu'il y a beaucoup de fang répandu dans le lieu
du combat , vous fçavez que le Roi ne veut pas
que les Gentils-hommes convaincus du crime de
Duel , foient traitez en Nobles ; mais comme
Roturiers , c'eft pourquoi je vous vois déja per-
dus : Monfeigneur , lui dirent ces Duelliftes,
nous mettons toute nôtre efperance en vôtre
generofité & à vôtre clemence ; que voulez-vous
que je fafle , dît le Maréchal , j'ai ma leçon
par écrit , il faut que je vous mette entre les
mains du Prévôt des Maréchaux , qui en vingt-
quatre heures vous aura fait vôtre Procez : Mais
Monfeigneur , dirent les Nobles , vous a-t-on

rapporté comme la chose s'est passée, faites-m'en
le recit, dît le Maréchal, & je verrai si ce
que vous dites est conforme aux informations,
il est vrai que nous nous sommes battus ; mais
ce n'étoit qu'à coups de poing : la Frange prit
la parole seul, & dît, Monseigneur, comme
nôtre querelle est venuë pour un point d'honneur, nous avons crû que c'étoit à nos poings
à la décider.

Le Maréchal dît, il vaut mieux dire une
raison comme celle-là, que de ne rien alleguer
pour sa défense ; mais ces coups de poing ont-
t'ils reglé ce point d'honneur, qui aura de vous
deux le premier du pain benît dans vôtre Paroisse, Monseigneur, nous avons besoin de vôtre
reglement là-dessus : si on ordonnoit au Curé
de ne point benir le pain, dît le Maréchal,
vous ne pourriez avoir de querelle pour le pain
benît ; mais cela n'empêcheroit pas, dît la
Frange, qu'il faudroit sçavoir à qui on rendroit
l'honneur d'avoir le premier du pain ; en ce
cas-là, si le pain n'étoit point benît, dît le
Maréchal, celui de vous deux qui sera le premier à l'aumône & à la besace, c'est celui-là de
droit divin & humain qui doit avoir le premier
du pain.

Comme les Edits & Declarations du Roi, dît
le Maréchal, sur le crime des Duels, veulent
que ce crime soit puni de mort quand on s'est
servi d'épées, pistolets, fusils, ou autres armes
offensives ; comme vous n'avez mis en usage
que les armes que vous avez apportées du ventre
de vos meres, dont les enfans & les écoliers se
servent ordinairement, il faudroit vous faire
foüetter tous deux par le Correcteur des Jesuites, qui sçait la dose du foüet qu'il faut donner

aux coupables du crime que vous avez commis.

Moïfnich nous difoit qu'auparavant que Monfieur le Gouverneur entrât en quelque Ville de fon Gouvernement, que le jour d'auparavant il alloit avertir les Maire & Echevins de l'arrivée de leur Gouverneur; dans la premiere Ville de Lorraine où il entra, la Ville ne manqua pas de s'affembler & preparer un prefent confiderable pour leur Gouverneur : le lendemain le Maire le fut Haranguer, fuivi de fort prés des ferviteurs de Ville qui portoient un prefent, dont le Maréchal étoit informé du merite & de la confequence, quand ce Harangueur eût fini fon difcours : voilà, dit le Maréchal, parler en habile homme, quand on void que les effets marchent fur les talons de celui qui porte la parole, comme ces valets de Ville qui donnent des atteintes aux talons de Monfieur le Maire, on void que les paroles ne peuvent être plus prés des effets.

Le fouvenir des plaifirs paffez, & des honneurs que j'ai reçûs dans les grands emplois, m'eft un agreable fouvenir, dit le Maréchal, dans le moment que la goute me donne quelque treve. Moïfnich, vous m'avez fuivi, fi j'ofe ainfi parler, dans mon Tabor; mais vous n'êtes pas fi malheureux pour fentir les douleurs du Calvaire, parce que vous n'êtes point gouteux comme moi; repaffons je te prie dans les Villes de Lorraine, & rappelle en ta memoire ce qui s'eft paffé d'agreable, pour divertir un peu nôtre bon ami que voilà, en me regardant : Monfeigneur, dit Moïfnich, vous fouvenez-vous de ce qui fut dit aux Officiers de la Ville de Metz, lorfqu'ils me prierent de vous reprefenter fi vous auriez pour agreable de prendre un grand

H 2

repas dans la Maison de Ville, que l'on vouloit
même meubler tout exprés pour avoir l'honneur
de vous recevoir, dont vous me fîtes la grace
de me faire sçavoir vos sentimens là-dessus : Je
leur dis, que comme une Communauté étoit
toûjours plus considerable qu'un particulier,
quelque grand Seigneur qu'il pût être, que le
Gouverneur ne devoit point demander à manger
au Corps de Ville, mais de quoi manger.

Les Maire & Echevins s'assemblerent sur la
réponse qui avoit été faite de la part de leur
Gouverneur, qui refusoit d'aller manger en la
Maison de Ville, & qui vouloit prendre ses
repas où bon lui sembleroit, neanmoins aux
dépens de la Ville : il fut resolu dans la Communauté qu'un des Députez de la Maison de
Ville iroit trouver le Maître d'Hôtel de Monseigneur le Gouverneur, pour sçavoir de quelles Viandes & Metz il faudroit faire provision
pour la table de Monseigneur : cette difficulté
fut rapportée au Maréchal, qui dît à son Capitaine des Gardes d'avertir le Corps de Ville,
que son Maître d'Hôtel ira querir de l'argent
pour la dépense de la table de leur Gouverneur,
& qu'il prioit Messieurs de la Ville de Metz,
de ne se point donner la peine de lui fournir de
Metz, non plus que d'entre-Metz, pour lesquels Messieurs de Metz donneront ce qu'il
faudra pour les acheter étant fort chers, &
n'étant point dans la saison des entre-Metz.

Comme ces Messieurs de Ville crûrent avoir
plainement satisfait aux demandes de leur Gouverneur, & que le Maître d'Hôtel qui sçavoit
fort bien les intentions de son Maître, étoit
sorti de la Maison de Ville fort content : ils
allerent en Corps lui témoigner, que ce qu'ils

avoient fait n'étoit rien en comparaison de ce qu'ils voudroient faire, s'ils avoient autant de pouvoir que de bonnes intentions, & qu'ils étoient sensiblement fâchez de ce qu'ils n'avoient point sçû plûtôt qu'ils avoient d'avantage de l'avoir pour Gouverneur, parce que le Corps de Ville s'étoit engagé à promettre trente mille livres de don gratuit au Cardinal Mazarin, pour cette somme être employée pour quelques necessitez urgentes de la Province; que sur ces trente mille livres ils n'en avoient payé que quinze mille; mais qu'ils esperoient dans peu faire toucher le reste à son Eminence : Le Maréchal leur dît, Messieurs, son Eminence ne sera point fâchée que je me fasse payer de cette somme, puisqu'Elle sçait bien que ce sera pour payer les Troupes du Roi qui sont sous ma conduite; vous sçavez bien Monseigneur, dirent les Echevins, que Monseigneur le Cardinal ne nous fêroit pas donner une décharge valable si nous payons sans ses Ordres expresses, & nous aurions une étrange fusée à démêler avec ce premier Ministre : Messieurs, sçavez-vous blazonner mes Armes, je porte d'azur à cinq fusées d'argent, je me suis étudié & appliqué à cause de mes Armes, de débroüiller les fusées d'argent les plus mêlées, donnez-moi vos quinze mille livres, & je vous promettrai même par écrit de démêler cette fusée d'argent, de telle sorte que son Eminence sera satisfaite de mon adresse, & en mon particulier je vous serai sensiblement obligé de vôtre avis.

Comme vous voulez Monseigneur, dit Moisnich, vous divertir, & Monsieur qui nous entend, vous promener en imagination dans toutes les grandes Villes de Lorraine, vous sou-

venez vous des prefens que le Corps de Ville de
Verdun vous vouloit faire : je fus dans la
Maifon de Ville, où je trouvai tous ces Mrs.
fort embaraffez à faire choifir un fort grand
nombre de dragées de Verdun deftinées pour
leur Gouverneur : voyant ces Meffieurs fi appli-
quez à faire ajufter des boëtes fort propres , &
même dorées , pour Monfeigneur , Meffieurs,
leur dis-je , croyez-moi , vôtre intention eft à
ce que je vois , de faire un prefent qui lui foit
agreable ; je l'ai preffenti ; me doutant bien que
vous lui prefenteriez des dragées à caufe de leur
reputation, on lui a dit même qu'on avoit vû
dorer des boëtes pour mettre de l'anis ; fçavez-
vous ce que Monfeigneur vôtre Gouverneur m'a
dit fur le prefent qu'il a bien crû que l'on lui
vouloit faire , qu'il falloit lui donner des dents
fi l'on vouloit qu'il caffât des dragées , qu'elles
font trop dures pour les fiennes , & que les pois
fuccrez étoient un prefent pour les petits enfans,
& que les boëtes dorées qui étoient deftinées
pour mettre de l'anis ; au lieu de les dorer , que
Meffieurs de Ville fiffent mettre dedans des
pieces d'or , que ce fera un prefent digne d'un
Gouverneur.

Moifnich n'avoit point été à Toul avec le
Maréchal , c'eft pourquoi il envoya querir fon
Secretaire qui avoit fait le voyage avec lui , il
lui dit , vous avez affez bonne memoire pour
vous reffouvenir de ce qui fe paffa à Toul la
premiere fois que je fus dans ce lieu, le Secretaire dît , Monfeigneur , les Maire & Echevins,
comme c'eft la coûtume , vous apporterent le
pain & le vin de Ville; comme vous commandâtes à vôtre fouper que l'on vous fervît ce
pain & ce vin, que vous trouvâtes fi mauvais,

que vous les abandonnâtes au bras seculier pour
les porter dans la bouche des Valets : vous voyez,
me dît le Maréchal, comme mon Secretaire
enjolive la narration pour nous divertir ; vous
sçavez, Monseigneur, dît le Secretaire, qu'a-
prés que ce present de Ville fut donné, vous me
commandâtes de sçavoir des Echevins à quoi
vous vous en deviez tenir pour le don gratuit,
& que vous aviez tout sujet de vous loüer des
Habitans de Metz & Verdun, qui étoient entrez en consideration des grandes sommes d'argent dont vous aviez besoin pour remonter la
Cavalerie, & faire des Fantassins dans l'Armée
que vous aviez l'honneur de Commander pour
le service du Roi ; que quand vous avez accepté
le Gouvernement & le Commandement de l'Armée de sa Majesté en Lorraine, que Monsieur
le Cardinal Mazarin vous avoit fort assûré des
bonnes intentions & generosité des Habitans des
trois Evêchez & Diocese de Metz, Toul &
Verdun ; mais sur tout, son Eminence vous dît
qu'Elle étoit caution du Corps de Ville de Toul,
qui feroit les choses encore plus genereusement
que les autres : ces Habitans me témoignerent
qu'ils avoient une trop bonne caution que Monseigneur le Cardinal, pour vouloir rien faire contre
ce qu'il avoit promis, & que je pouvois assûrer
Monseigneur le Gouverneur de leur part, qu'aprés
qu'ils seroient informez comment les deux Villes
de Metz & Verdun en avoient usé ; pour sa satis-
faction, ils étoient de serment d'en faire du
moins autant qu'eux : vous souvenez, Monseigneur, que je vint vous faire ce rapport, &
que dans le moment que je vous parlois, le
Corps de Ville étoit en marche pour vous donner des assurances de ce que je vous avois

avancé, & effectivement, les Maire & Eche=
vins entrerent dans vôtre Salle, & vous confir=
merent de bouche la parole que j'avois portée
pour eux : vous leur dîtes que vous étiez fort
persuadé de leur generosité & bonnes intentions,
que ce n'étoit point le bon pain & le bon vin
qui leur avoient consilié ses bonnes graces ; car
en verité, leur dîtes-vous, je ne sçai qui sont
vos Boulangers & Marchands de vin, ce sont
des Empoisonneurs, ils vous donnent du pain
sans levain, & de vrai obsecrat pour du vin:
vous leur dîtes que vous ne disiez cela que par
maniere d'acquit, que vous sçaviez bien qu'ils
ne pechoient en rien en cela, & que vous étiez
aussi satisfait d'eux, que s'ils vous avoient fait
boire de l'Ambroisie & mangé du pain des
Dieux, & principalement de ce qu'ils vous avoient
promis : Il me souvient, dît le Maréchal,
qu'en les remerciant de leur bonne volonté, &
les sommant de tenir leur parole de ce qu'ils
m'avoient promis & assuré, que les Habitans
de Toul étoient de serment de faire tout comme
les autres, & encore plus s'ils pouvoient.

Comme mon Secretaire & mon Capitaine des
Gardes sont sortis, me dît le Maréchal, nous
ne parlerons plus à présent de mes avantures de
Lorraine jusqu'à leur retour; mais il faut que
je vous dise un démêlé silentieux & respectueux
que j'ai eû avec le Vicomte de Turenne au dîné
du Roi : sa Majesté me plaisanta sur mon teint
frais & mon ajustement; disant, que sans être
amoureux on ne pouvoit porter une aussi belle
Echarpe que j'en avois une, qui étoit blanche,
mais un peu grasse, & qui avoit été fort riche:
Monsieur de Turenne se mit du parti des rail-
leurs ; mais me tournant du côté du Roi, je

lui

lui dis, Sire, il est vrai que mon Echarpe &
moi nous avons le même défaut, qui est l'ancienneté ; mais elle n'a jamais changé de couleur, si elle avoit été à quelques personnes qui
sont ici & qui sont meilleurs ménagers que
moi, ils n'auroient pas manqué de la faire
teindre en rouge ; car cette couleur étoit autrefois à la mode pour eux.

Comme le Maréchal achevoit ce discours, un
Page le vint avertir qu'un Curé d'une Paroisse
d'Estampes arrivoit pour avoir l'honneur de lui
parler, pour une querelle de quelques Gentils-
hommes de Beauce qui s'étoit fort échauffée
entre ses Nobles, & qui pourroit avoir des
suites fâcheuses, si Monseigneur, vous n'y in-
terposez pas vôtre autôrité, ce Page en disant
cela s'étoûfoit de rire : le Maréchal dît, il faut
être aussi fou que ce frippon-là, pour rire aussi
mal-à-propos qu'il fait ; le Page dît, Monseigneur, quand vous verrez la Chaire & l'équipage du Curé, vous ne pourrez pas vous en
empêcher non plus : Monsieur, me dît le Maréchal, sortons dans la Cour, & nous observe-
rons s'il y a quelque chose qui puisse nous faire
dévorer pour un moment nos chagrins, dans
l'instant que nous fîmes le premier pas dans la
Cour le Curé s'approcha, & fit la reverence à
Monsieur le Maréchal : en lui faisant son compliment, le Maréchal consideroit l'équipage du
Curé, & la structure de sa Chaire de poste ; il
lui demanda, faites-vous souvent des voyages
dans vôtre Confessionnal, je croyois qu'il étoit
seul dans vôtre Eglise ? ce Curé lui répondît
qu'il étoit vrai, que sa Chaire ou Soufflet de
poste avoit beaucoup de ressemblance à son Confessionnal ; mais que c'étoit la faute du Menui-

I

fier : il faut, dît le Maréchal, que cét ouvrier
ne travaille que pour l'Eglife , & non pas pour
les Voyageurs & Courriers ; mais puifque la
Chaire eft faite , vendez celle qui eft à vôtre
Paroiffe , celle - cy vous pourra fervir à deux
fins , pour l'Eglife & pour la pofte , & même
vous pourrez Confeffer en pofte beaucoup de
vos Paroiffiens.

Monfieur le Curé , fi vous fuffiez venu un
moment plûtôt , dît le Maréchal, vôtre Con-
feffionnal & vôtre miniftere auroit été d'un
grand fecours pour difpofer un miferable poteur
de Chaire à la mort , qui veut chaffer tous les
Confeffeurs que je lui envois dans fa chambre;
il eft vrai que c'eft un Turc qui étoit efclave,
que l'on a mis en liberté à condition qu'il fe
feroit Baptifer , je le croyois fort affermi dans
nôtre Religion , cependant j'apprens qu'il ne
veut point entendre parler de Confeffion , quoi-
que les Medecins le condamnent à une mort
très-prochaine, je viens de lui envoyer le Pere
Zephirin Capucin , pour tâcher à le difpofer à
bien mourir : il me femble , dît le Maréchal,
que voila déja ce Religieux qui defcend de
la Chambre du malade ; hé-bien , mon R.
Pere, point de repentir , point de Confeffion,
bien loin de cela , Monfeigneur , dît le Pere
Zephirin , fi ce malade avoit eû plus de force,
il nous auroit battus mon Compagnon & moi : il
faudra donc dorénavant vous appeller le Pere
N'y fit rien , au lieu de Zephirin , ce nom vous
conviendra mieux.

Vous fouvenez-vous , mon voifin, de la premiere Lettre que je vous écrivis , où je vous
priois de me faire fçavoir de ce qui fe difoit du
choix que la Cour vouloit faire pour éxercer la

Charge de Surintendant; vous sçavez que quand on fait la figure que je fais, d'être Gouverneur d'une Souveraineté conquise, & outre cela Commandant les Armées du Roi, qu'il est d'une grande utilité d'avoir pour ami un Surintendant.

Je vous mandois que je faisois des vœux au Ciel, pour que le sort tombât sur Monsieur le Comte de Servient, pour lequel vous aviez conçû une grande estime; vous me fîtes réponse, & vous me mandiez, que vous étant informé des gens qui avoient plus d'entrée prés de la Reine, qu'ils croyoient qu'il étoit assûré que le Comte de Servient étoit Surintendant *in petto* de son Eminence, & vous étant informé à Nogent si cela étoit vrai, il vous avoit répondu, de qui tenez-vous cette nouvelle, voila un beau conte borgne.

Il vint un Marchand d'Auvergne, qui amena à Gravelle deux fort beaux Mulets pour mettre à la Litiere; je fus avec le Maréchal pour voir & visiter ces Mulets, l'on ne trouva point de défaut visible dans ces animaux, excepté que le plus fort étoit menacé de perdre un œil; il faut sçavoir que ce Marchand avoit un frere, lequel se voulant faire Prêtre, Messieurs du Seminaire l'avoient refusé, parce qu'ayant perdu l'œil du côté du Canon, il ne pouvoit être admis aux Ordres, que pour l'autre œil ils n'en feroient pas de difficulté: ce Marchand voyant qu'on lui objectoit le défaut du Mulet, dît, Monseigneur, que cela ne vous empêche point de conclure le marché, je vous garantie la vûë bonne, & quand il seroit vrai qu'il deviendroit borgne de cet œil, cela ne seroit pas de conséquence n'étant pas du côté du Canon.

Sur cette garantie du Marchand, il reçût par ordre de Monsieur le Maréchal cent pistoles que l'on lui compta dans la Chambre, comme il étoit tard, on attendit au lendemain à déferrer les Mulets, il s'en trouva un qui avoit un mal dans le pied qui étoit fort dangereux, ce que sçachant Monsieur le Maréchal, il envoya querir le Marchand pour l'obliger à rendre l'argent : le Marchand rapporta les mêmes especes, & dît, pour vous montrer Monseigneur que je suis de bonne foi, & que je ne veux point du bien d'autrui, il compta les cent pistoles exactement, & en trouva une de trop : comme il comptoit cet argent, le Maréchal remarqua qu'il avoit les mains toutes plaines de galle, il lui dît, tien, prend cette pistole qui est de surplus, & la garde pour te faire guerir la galle, ce seroit grand dommage qu'y ayant si peu de gens de bien dans le monde, qu'un si honnête-homme comme tu es se laissât pourrir, cela me feroit enrager, si faute d'une pistole je te voyois mourir galeux.

Il dît en le congediant, sur l'assurance que tu me donne, te croyant homme de bien, que le mal du pied du Mulet n'est point considerable, je le veux croire comme tu le dis, je consulterai son mal à la premiere assemblée des Maréchaux qui se fera chez mon ancien, cependant comme l'on dit, *je garderai le Mulet.*

Quand le Maréchal n'étoit point tourmenté des douleurs aiguës de la goute, il ne cherchoit que les occasions de plaisanter, ce Marchand ouvrant la porte de la Chambre un Page entra, qui venoit avertir le Maréchal qu'un Religieux qui étoit Predicateur de la Paroisse de Gravelle, le venoit prier d'assister à un Sermon de la

Pentecôte, & comme il étoit Commandeur de
cét Ordre, ce Religieux crût qu'il étoit de son
devoir de le prier d'assister au Sermon de la
Fête du saint Esprit : le Maréchal demanda à
son Page, de quel Ordre est ce Religieux, est-ce
Capucin ou Cordelier d'Etampes, non, Monseigneur ; comme le Page avoit remarqué que ce
Religieux étoit un Hermite de saint Augustin,
qui avoit une large ceinture de cuir, Monseigneur, le Predicateur est un trés-grand Sanglier, il commanda à son valet de Chambre de
faire entrer ce Sanglier, après que le R. P. eût
fait son compliment au Maréchal, il lui dît, je
n'aurois pas crû qu'un Sanglier pût être aussi
éloquent que vous êtes, il plaisanta avec ce
Religieux sur la vision de son Page; le Religieux dît, Monseigneur, ce jeune Gentil-
homme n'a point été trompé par les yeux, quand
il vous a dit qu'un Augustin étoit un Sanglier,
on nous doit aussi-tôt appeller Sangliers, parce
que nous sommes liez avec des sangles, & que
les Cordeliers ne le font qu'avec des cordes;
ce Page vous a donc fait un fidel récit de ce
qu'il avoit vû; mais il ne vous a point dit que
le Sanglier qui étoit à vôtre porte eût des défenses; je crois aussi qu'il n'en aura jamais besoin,
pourvû qu'il soit assez heureux d'être toûjours
sous vôtre protection.

Le Religieux étant sorti de la Chambre, le
Maréchal ayant l'esprit rempli de la vision de
ce Page, demanda son écritoire, il écrivit un
mot à Monsieur de Guillevoisin, qui avoit un
fort beau Château à deux lieuës de Gravelle:
ce Gentil-homme étoit Huguenot, & avoit
dans sa terre une fort grande Garenne, qui
avoit de la reputation à cause de la bonté de ses

Lapins : ce Gentil-homme mangeoit fouvent à
Gravelle, & ne manquoit jamais d'y faire porter de ces Lapins, le Maréchal me montra la
Lettre qu'il écrivoit à ce Gentil-homme : il
lui mandoit, mon voifin, ne manquez pas de
venir dîner le jour de la Penteçôte à Gravelle,
fongez à nous faire apporter des Lapreaux pour
faire plufieurs accollades, il y va de la reputation de vôtre Furet que vous vantez tant, de
montrer ce qu'il fçait faire, nous aurons un
Sanglier à nôtre Table, jugez s'il faudra bien
des Lapreaux pour le raffafier : ce Sanglier
domeftique montera en Chaire pour Prêcher
l'aprés-dînée, & je prétend vous faire voir non-
feulement que les Cordeliers ; mais même les
Sangliers, font mieux inftruits que vos habiles
Miniftres.

Aprés la Predication, le Maréchal trouva en
fa Chambre Baffilli, qui étoit le Maître à chanter
de Madame la Maréchalle, qu'il croyoit rencontrer à Gravelle venant de faire un grand
voyage, le Maréchal ayant toûjours vû Baffilli
à l'Hôtel de la Ferté en Soutanne & petit
rabat, & le voyant en cravate & l'épée, quoi-
que méchante au côté ; Baffilli, êtes-vous toûjours Prêtre, oüi, Monfeigneur, toûjours prêt
à boire à vôtre fanté.

Voilà qui eft trop bien répondu, dit le Maréchal, tu merite que je te faffe boire du meilleur
vin que l'on pourra trouver, je veux que nous
fouppions de bonne heure : quand nous fûmes à
Table, il ordonna à Baffilli de chanter une
Chanfon à boire, en même-temps il commença
la Chanfon, *Hà que nous fommes bien ici,*
*éloigné du fouci que nous caufe l'Amour, les*
*Procés & la Guerre, &c.* Le Maréchal ayant

entendu les paroles de cette Chanson, fit une
glose sur ce texte ; & dît, que la Guerre &
l'Amour ne lui avoient jamais donné de souci,
que la Guerre l'avoit comblé de gloire, de
biens & d'honneur, & que pour l'Amour bien
loin d'augmenter ses soucis, que c'étoit auprés
des Dames où il avoit trouvé des remedes pour
calmer ses maux , & soulager ses chagrins les
plus cuisans ; & que pour les Procez, qu'il convenoit que c'étoit la peste qui faisoit mourir
tous les plaisirs : qu'il ne remarquoit pas que
l'on fût à Gravelle à l'abri des soucis de la
perte d'un Procez , qu'il sçavoit bien où il lui
en tenoit d'en avoir perdu un depuis quinze
jours , & qu'il l'avoit empêché de dormir pendant plusieurs nuits ; voila ma pensée sur les
paroles de cette Chanson , & il me semble que
vous n'avez pas si bien chanté que vous avez
accoûtumé de faire , & que cét air a quelque
chose du *Requiem* & du *Deprofundis*, ce n'est
pas que je n'aime fort à entendre cette lugubre
melodie ; car pendant que j'entendrai chanter
pour les autres, je suis assûré, & j'ai le plaisir
de voir que ce n'est point pour moi. Ie te prie,
dis-moi Bassilli, qui est celui de ceux qui font
profession de chanter qui gagne le plus ? Bassilli
lui répondit , je croi que c'est Lambert, &
moi , dît le Maréchal , je sçai fort bien qu'à
Paris personne ne gagne tant à chanter que
Monsieur l'Archevêque.

Convient avec moi Bassilli, dît le Maréchal,
que tes meilleures pratiques font ces riches
Abbez, ils font aussi les plus aimez des Dames:
ils donnent des Maîtres à leurs belles, chantent
les mêmes Chansons qu'elles, & le Maître à
chanter y est souvent present ; il ne manque pas

un dîné, une collation, un ambigu; il mange des pois & des dindons nouveaux; enfin, Bassilli est de toutes Fêtes, il est charmé comme son Ecolier & les Dames sont bien d'accord, & comme ils chantent juste : Mais cét Abbé dont ont publioit par tout la flexibilité de la voix, la justesse du champ, est nommé à un grand Evêché; je me trouvai à son Sacre comme parent, les trois Evêques assistans à la Ceremonie chantoient à qui détonneroit le mieux, mon parent que l'on consacroit l'emportoit sur les Officians, & l'Ecolier de Bassilli qui chantoit si juste en ruelle, ne faisoit que hurler dans le Chœur, & tout le monde me disoit qu'il détonnoit trop bien pour n'être pas Evêque.

Je pris la parole là-dessus, & dis au Maréchal, ces grosses Abbayes, cette grande Prelature, sont donnez en consideration des gens de la famille du nouvel Evêque, qui porte des bequilles, des canules, & ont des yeux de verre & des jambes de bois, ces pauvres invalides font mitrer ce Prelat : Comme nous parlons de chanter, dît le Maître, je vous dirai, Messieurs, que m'étant trouvé à une grande Messe qui fut chantée en presence & en la Chappelle du Roi, par un nommé P * * * Chapelain des hautes Messes, le Roi en sortant, dît tout hautement en presence de toute la Cour, je n'ai jamais si bien oüi chanter que ce Celebrant a fait, je répondis à sa Majesté, ce Prêtre peut bien chanter, Sire ; car il a herité de la voix de son Pere dont il possede la Charge, & on dit que depuis deux Siecles ils sont Chapelains des hautes Messes des Rois Prédecesseurs de vôtre Majesté.

Le Maréchal dît que ce Chapelain fut averti

de

de toutes parts comme le Roi avoit parlé avec
avantage de sa belle voix : Comme sa Majesté
étoit informée des longs services de ses Peres,
Elle lui accorda quelque somme d'argent, ne
voulant pas qu'il eût un si grand pied dans l'état
Ecclesiastique, & ne trouvant pas aussi à propos
de lui donner un Benefice considerable, puisque
présupposé que la naissance fût telle que l'on
disoit, ce n'auroit pas été un sujet canonique pour
tenir un Benefice ; car il est certain que le Roi
veut que toutes choses soient dans les regles : Sa
Majesté donne le plus souvent des Abbayes &
des Evêchez même plus canoniquement que le
Pape, puisque les coups de Canon que les Peres
ont reçû pour le service de l'Etat, font donner
à leurs enfans des Evêchez.

C'est le sort de la Guerre, dit le Maréchal,
qui décide de la bonne ou mauvaise fortune des
Guerriers ; il y a telles familles qui ont le
malheur que pas un de leur nom ne se présente
à la Guerre, qu'à la premiere occasion il ne
soit tué, d'autres tous blessez & estropiez,
quelques autres par une fatalité extraordinaire,
semblent être invulnerables de toutes les parties
du corps, excepté de quelques-unes, comme
d'un bras, d'une jambe, qui sont toûjours en
but à la mauvaise fortune, comme l'on dit du
Maréchal de Ranssault, & du Marquis de Dese-
linvilliers, qui étoient tellement persuadez de
cette verité qu'ils avoient des jambes de bois, que
ces braves en faisoient toûjours porter dans leurs
valises, parce que bien souvent le Canon emportoit ces jambes artificielles; pour moi j'ai eû
un coup de canon dans le derriere qui m'a emporté
les fesses, & comme vous sçavez l'on n'en fait
point de bois : depuis peu de jours me sentant

K

tourmenté d'une fâcheuse colique, mon Medecin
m'ordonna un lavement, l'Apothicaire me le
voulant donner me fit un fort grande douleur
avec le canon de la Seringue, je ne pûs m'empêcher de faire une fort grand cri, & de dire
en même-temps, il faut avoüer que j'ai une
grande fatalité d'être blessé au derriere par toutes sortes de canons, & par ceux de l'Artillerie, & par ceux des Apothicaires.

Tout le monde sçait, dit le Maréchal, que
le mal le plus commun & le plus contagieux
qui soit à l'Armée & à la Cour, c'est l'Ambition, qui fait crever tous les Guerriers &
desespere les Courtisans : Il n'y a jamais eû
d'homme qui ait eû des accez plus violens de
ce mal que moi ; ce n'est point les canons des
Apothicaires qui ont adouci mes accez, c'est ce
coup de canon d'Artillerie, qui me donna si à
propos au derriere, que j'obtint de nôtre Souverain Medecin, non pas un bâton de Regalisse,
parce que mon mal n'étoit point de Rhusme,
mais un bâton propre à soulager le mal que fait
l'Ambition : Et comme les bâtons qui portent
des fleurs de Lys guerissent les Ambitieux, &
qu'ils ne croissent que dans un jardin dont le
Roi garde la clef, & qui même n'est cultivé
que par cét Incomparable Monarque, il eût la
bonté de m'en envoyer un, qui pour quelque
temps appaisa le grand accez de ma rage.

Je fus quelques mois convalescent & à goder
le papat, lors que je me vis surpris de me voir
retomber dans un très-cruel accez de Jalousie,
avec un si grand frisson, parce que mon Manteau où je portois le S. Esprit, n'étoit qu'un
Manteau comme l'on dit, *de vinaigre*, parce
qu'il n'étoit point fourré comme ceux de mes

Confreres ; comme je ne pouvois fortir de mon
friffon, j'écrivis au Roi en tremblant le fujet
de ma rechûte, & mandois à fa Majefté, que
s'il jugeoit à propos que pour me faire Duc,
je me ferois Seigner à la jugulaire d'une arme à
feu, puifque le coup de Canon que j'avois reçû
au derriere m'avoit fait Maréchal fur la lettre
que j'avois écrite : on me manda de la Cour
une forte agreable nouvelle là-deffus, que le
Roi avoit dit à fon coucher, qu'il avoit donné
à Monfieur de la Ferté un Bâton pour l'appuyer
dans fa vieilleffe ; mais que défirant de tout fon
cœur prolonger les jours de ce pauvre Maréchal, qu'il avoit commandé à Monfieur le
Tellier, grand connoiffeur en fourûre d'Hermine, en ayant choifi pour fon fils l'Archevêque, qui eft la premiere Hermine de France;
ce Miniftre ne manqua pas auffi-tôt de faire
fourrer en diligence un Manteau pour ce pauvre
Maréchal, fans lequel on l'eût vû mourir du
friffon.

Comme le Maréchal me faifoit ce recit, l'on
m'apporta une lettre, où l'on me donnoit avis
que fi je voulois voir Monfieur de Lamoignon
premier Préfident, qu'il étoit à Baville, qui eft
à trois lieues de Gravelle, qu'il falloit me
hâter de partir, parce qu'il devoit fans faute
s'en retourner dans deux jours à Paris : je pris
congé de Monfieur le Maréchal, qui m'engagea
de le retourner voir au plus tard dans la quinzai-
ne ; vous nous entretiendrez, dît le Maréchal, de
ce que vous aurez appris d'un homme qui n'ouvre la bouche que pour prononcer des Oracles;
& moi je lui dirai que je quitte un Heros qui
ne cederoit pas en bravoure à Céfar, & fi
nôtre Maréchal s'étoit mêlé de faire des Com-

mentaires , il auroit donné le pion à cet
Empereur.

Lorsque je fus arrivé à Baville , je ne trouvai
personne au Château , Monsieur le premier President étoit allé à la Chasse , & une fort grande
Compagnie avec lui ; j'entrai dans la Salle , où
je trouvai sur un pupitre l'Histoire de France,
& le chapitre sur lequel le dernier lecteur sembloit être demeuré , étoit la détention de François I. en la journée de Pavie : je fus quelque
temps sur cette Histoire , & il me repassa dans
l'esprit ce que j'avois lû dans d'autres Auteurs,
qui traitoient du Regne de ce Prince avanturier :
Mr. le premier President arriva un peu fatigué de
la Chasse , je ne voulus point augmenter sa fati-
gue d'un ennuyeux compliment, je le fis aussi
le plus succint qu'il me fut possible , il me
témoigna qu'il avoit de la joye de me voir
auparavant son départ : après nôtre soupé , je
lui dis qu'en l'attendant du retour de la Chasse,
que j'avois vû des choses memorables qui étoient
arrivées du Regne de François I. mais comme
un Historien ne peut pas dire cent choses parti-
culieres qui arrivent dans un Regne qui ne meri-
tent pas d'être employez dans un Livre , quelque-fois il est assez plaisant de se détacher du
corps de l'Histoire pour descendre dans des avantures , quoi que peu importantes , qui ne sont pas
moins plaisantes & agreables ; & en même-tems,
je lui dis que j'avois vû depuis deux jours , que
lorsque François I. commença à prendre les
Resnes de cet Etat , que la Charge de premier
President de Paris étoit vacante , & que le
Parlement alla en Corps féliciter ce nouveau
Monarque sur son avenement à la Couronne,
& le prier en même-temps de bien vouloir

mettre à la tête de leur Compagnie un Sujet
qui eût toutes les qualitez requises pour occuper
une Place de cette consequence ; mais sur tout,
que sa Majesté étoit très-humblement suppliée
de ne point écouter les Principaux de son Etat,
qui devoient parler en faveur de Monsieur de
Moruilliers : le Roi dît à ces Messieurs, je ne
suis plus dans le pouvoir de faire un choix,
parce que je suis déterminé, & même j'ai fait
expedier des Provisions en faveur de la personne
pour qui vous témoignez tant d'aversion ; mais
je puis vous assûrer que je parlerai de si bonne
sorte à vôtre nouveau premier President, qu'il
fera tous ses efforts pour se concilier les bonnes
graces de vôtre Compagnie : Quelques jours
aprés le President de Moruilliers presenta ses
Lettres à la Cour pour être reçû, les Chambres
assemblées, Monsieur l'Avocat General Dor-
leans, qui étoit un fort sçavant homme, &
ami particulier du President de Moruilliers,
commença sa Harangue par des paroles de l'E-
criture, qui convenoient fort bien au Sujet qu'il
avoit à traiter : toutes les personnes de qualité
& profession ont vû la disposition de la grande
Chambre, la place du premier President, qui
est dans ce fameux Angle, Monsieur l'Avocat
General commença en ces termes : *Lapidem
quem reprobaverunt ædificantes factus est in
caput Anguli*, cette Pierre rebutée de tous les
Architectes & ouvriers, est enfin placée au lieu
d'honneur, & à la tête de l'Angle.

Dans le temps que les Armées opposées à
François I. qui étoient devant Pavie, l'Empereur Charles-Quint & le Roi Très-Chrétien,
avoient chacun un Ambassadeur à Venise, pour
conserver la Republique dans une entiere neu-

tralité : comme l'Ambassadeur de sa Majesté
Imperiale eût appris l'agreable nouvelle de la
défaite des François, & de la détention de leur
Monarque : l'Ambassadeur de l'Empereur demanda au Serenissime Doge Gritti l'assemblée
du Senat, ce qui lui fut accordé : il dît en
plain Senat, l'importante & l'agreable nouvelle
de la défaite des François, & de la prison de
leur Roi ; le Doge répondit, que lui & le Senat
prenoient toute la part possible à la joye & à
l'avantage que l'on avoit remporté sur les François : Le Doge ne fut pas plûtôt arrivé en son
Palais Ducal, qu'il trouva un Gentil-homme
de la part de l'Ambassadeur de sa Majesté Trés-
Chrétienne, qui lui demandoit pour le lendemain l'assemblée du Senat, il lui promit ; &
comme le Doge avoit auprés de lui sept ou huit
Nobles des plus intelligens, ils lui dirent qu'il
falloit se retirer adroitement du pas qu'il avoit
fait, d'avoir témoigné de la joye de la prison
du Roi T. C. l'Ambassadeur de France ne
manqua le lendemain d'y aller, & de faire part
au Doge & au Senat des chagrinantes nouvelles
& de la consternation où il étoit, d'avoir appris
la détention de son bon Maître : le Doge lui
dît qu'il avoit autant de douleur que lui de la
prison du Roi de France, & qu'il lui confessoit
ingenûment que l'Ambassadeur de sa Majesté
Imperiale, ayant fait sçavoir le sujet de sa joye,
qu'il lui avoit témoigné y prendre part, qu'aujourd'hui il lui apprenoit les larmes aux yeux
son déplaisir, qu'il entroit dans sa douleur, &
qu'il vouloit mêler ses pleurs avec les siennes,
& par ce moyen se conformer à l'Ecriture, qui
dit, qu'il faut entrer aveuglement dans les interêts de nôtre prochain : *Ridere cum ridentibus*

& flere cum flentibus, pleurer avec ceux qui
versent des larmes, & rire avec ceux qui sont
en joye; quand on suit l'ordre prescrit par les
Cahiers, on est inmanquable.

François I. avoit un fol auprés de lui, qui
étoit le divertissement de toute la Cour, on dit
au Roi que ce Plaisant avoit fait une liste de
tous les fols importans du premier rang : Sa
Majesté lui demanda cette belle liste, il lui
promit de la mettre au net, & de la lui presenter le lendemain ; il n'y manqua pas, il vid
à la tête de ce Catalogue, l'Empereur Charles-
Quint le premier fol, sa Majesté ne pût s'empêcher de faire un éclat de rire, en lui disant,
je ne croyois pas que ta folie allât si avant,
que de mettre l'Empereur sur la liste des fols :
Sire, dit le Plaisant, j'ai des raisons très-fortes
pour cela ; mais quelles raisons pourrois-tu alleguer qui fussent valables ? Est il pas vrai qu'il
a tenu vôtre Majesté prisonniere, le Roi dit,
on ne peut pas disconvenir de cela ; cependant
il sera reçû dans mon Royaume avec tout l'a-
grément que je pourai ; si vous en usez de cette
sorte, dit le Plaisant, avec ce Prince qui vous
a tenu prisonnier, je sçai bien ce que je ferai,
que feras-tu, dit le Roi, j'effacerai Charles-
Quint & mettrai François I.

Si ce Fol eût été Devin, il n'auroit pas effacé
le nom de Charles-Quint de cette importante
Liste, s'il avoit sçû l'imprudente abdication
qu'il devoit faire de ses Etats & de l'Empire,
il l'auroit laissé dans son lieu : Car qui auroit
pû croire, que le premier de tous les Monarques du monde, eût pû prendre la resolution
d'aller finir ses jours dans le Convent de saint
Just ; Ordre des Hieronimites dans la Province

d'Eftramadure : ces pauvres Moines plaignoient
leur fort, de ce que fon abdication mettoit tout
l'Univers en paix & en repos, & qu'elle n'étoit
fatale que pour eux , & l'on dit que ce fut
plûtôt par un efprit de chagrin, que par des
mouvemens du faint Efprit, que ce Monarque
fe refolut de faire ces furprenantes démiffions,
que les repentirs fuivirent de bien prés, quand
il confidera que dans les derniers jours de fa
vie, il fe voyoit fous le Regne de fon fils &
l'Empire de fon frere.

Il eût été plus glorieux pour ce Prince, de
fe fentir accablé du poids de deux grandes Couronnes , que de fe refoudre de s'aller cacher
dans la pouffiere d'un Convent , toûjours mor-
tel à tous les Monarques qui y font tombez.

Charles-Quint auparavant fon abdication,
avoit un Ambaffadeur en France, qui lia une
étroite amitié avec l'Ambaffadeur de la Republique de Venife qui étoit en cette Cour : Un
jour aprés avoir dîné enfemble, il demanda au
Noble Venitien, d'où vient que vôtre Republique porte pour Armes un Lion qui tient d'une
patte une épée , & de l'autre un livre, je n'ai
point oüi dire que dans les déferts de Barca,
qu'il y eût des Fourbiffeurs & des Libraires qui
fourniffent les Lions de livres & d'épées ? Le
Venitien répondit à l'Alleman , que dans le
Païs où les Lions font Duelliftes & Docteurs,
que dans cette même Contrée, que les Aigles
ont deux têtes qui font les Armes de l'Empereur.

L'on apporta un jour à l'Evêque du Bellay,
une feüille de chez un Libraire à corriger, il
parloit dans un endroit d'un livre des Venitiens,
l'Imprimeur au lieu de cela, avoit mis les
Veneriens, Monfieur du Bellay trouva que ce
nom

nom leur convenoit si bien, qu'il ne le voulut
point changer.

Comme Henri IV. se vid presque dans la
necessité de déclarer la Guerre aux Venitiens,
il en parla en son Conseil, du dessein qu'il
avoit de porter ses Armes contre cette Republique; des Conseillers d'Etat à qui sa Majesté
en demandoit avis, lui dirent que le Senat de
Venise étoit composé de gens fort sages, &
qu'il ne falloit pas déclarer la Guerre à des gens
si prudens: le Roi échauffé de colere, dit,
j'envoirai cinquante-mille foux à ces gens si
sages, qui les déconcerteront.

Fouveroi Avocat celebre au Parlement, qui
étoit une gueulle fiere, qui depuis ce temps-là
fut Bailli de Baville, s'étant allé un jour promener au bout du Parc de Baville avec Monsieur le premier President, qui avoit avec lui
nombre de gens de qualité, on attendoit même
à dîner Monsieur le Cardinal de Boüillon, Mr
de Lamoignon détacha Fouveroi de la Compagnie, & lui dit à l'oreille, voilà une farce que
l'affaire de ce Suisse que vous avez entenduë,
il faudra que vous la serviez au dessert; je suis
fâché que mes fils soient absens, ils en auroient
eû leur part, dites au Maître d'Hôtel de tenir
tout prest à l'arrivée de son Eminence: Fouveroi aprés s'être acquitté de ce qui lui avoit
été ordonné, nous vint dire au jeu du Bil-
lard où nous étions avec le Pere Rapin Jesuite,
voilà une farce la plus plaisante qu'il est possible
d'entendre, qui vient d'être joüée devant Mos-
sieur le premier President & les Messieurs de sa
compagnie, qui servira de dessert à son Eminence: Un Capitaine du Regiment des Gardes
Suisses, nommé Monsieur Orfrestemourg, vient

L

d'arriver avec un Aumônier du Regiment qui
lui sert de Truchement, pour faire entendre la
difficulté du Procez que ce Capitaine Suisse a
avec la veuve d'un Procureur : l'Aumônier a
commencé à établir le fait du Procez, & a dit à
Monsieur le premier Président, Monseigneur,
ce Capitaine qui est devant vous, esperant toujours demeurer au service de France comme ses
Prédecesseurs ont fait, comme le Regiment des
Gardes-Suisses étoit logé au Fauxbourg saint
Anthoine, il a été conseillé par ses amis d'acheter une petite Maison où il étoit logé, dans
ce Fauxbourg vers Piquepuce, Monsieur le
Capitaine a donc fait aquisition de cette Maison, accompagnée d'un assez beau Jardin, pour
le malheur du Capitaine, il s'est trouvé qu'il
avoit pour voisin un chicanneur de Procureur
au Châtelet, qui dès le lendemain fit un grand
nombre de procedures à ce pauvre Officier Suisse,
peu experimenté comme l'on sçait en chicanne,
il voulut lui faire boucher toutes les fenêtres,
hausser les murailles de la moitié, ôter les lieux
communs, changer la décharge des éviers, &
mettre la Cour au rais de chauffée de la ruë ;
quand Monsieur Orfrestemourg se fut fait expliquer les demandes qui étoient dans cét Exploit,
il fut dans le dessein de faire abattre sa Maison,
cette assignation étoit donnée au Châtelet, qui
étoit le tripot du Demandeur, pour être fait
droit sur ses demandes : Monsieur le Capitaine
fut conseillé en vertu de son Committimus d'é-
voquer le tout aux Requêtes du Palais, & pendant cette procedure le Procureur mourut, Mr.
Orfrestemourg crût avoir Ville gagnée par la
mort de sa partie, & pour en être plus assûré,
il fut dans la maison du Procureur decedé, il

trouva qu'on l'enfeveliffoit en habit de Capucin, comme il l'avoit ordonné par fon Teftament & derniere volonté; le Capitaine dît à la veuve qui étoit proche du corps du défunt, & autres parens & amis qui étoient prefens, ce fripon a beau fe déguifer en Religieux de faint François avec fa fauffe barbe, il ne trompera pas le Seigneur : le Capitaine croyoit fon Procez affoupi, voyant qu'il n'avoit plus affaire qu'à la veuve d'un méchant Capucin, Monfieur le Capitaine ayant pourtant fait reflexion que le mari étoit un méchant homme, & que la veuve d'un méchant Capucin ne vaudroit rien, puifque même la veuve d'un bon ne vaudroit pas grand chofe; le Capitaine continuant toûjours fes plaintes, dît, me voilà bien mal envoifiné.

Le Procureur ne fut pas plûtôt enterré, que l'on commença à faire des procedures à la requête de la veuve, à la premiere des Requêtes du Palais; cette veuve avoit la protection du Préfident de la Chambre, l'Aumônier parlant au Capitaine, le Préfident ne s'appelloit il pas Chaudron, non, dît le Suiffe, il s'appelle du nom d'une méchante & piquante herbe que les Afnes aiment tant, que l'on appelle Chardon, Monfieur le premier Préfident lui dît, c'eft de Monfieur Charton dont vous voulez parler, qui eft un fort honnête homme, les Chardons, dît le Suiffe, me femble lui conviendroient fort, parce qu'il a prononcé une Sentence contre moi qui n'eft compofée que de ce que je dis : l'Aumônier prit la parole, & dît à Monfieur de Lamoignon, c'eft la Sentence, Monfeigneur, dont vous verrez la teneur, & dont Monfieur Orfreftemourg eft appellant. Monfieur de Fouveroi dît, voilà Meffieurs, le deffert que Monfieu

L 2

le premier Président veut que je serve à son
Eminence.

Un Secretaire de Monsieur le premier President disoit à Baville, comme ce grand Magistrat
rompoit bien souvent de dangereuses mesures à
de méchans Rapporteurs, on dit qu'un jour
Monsieur Prévôt rapportoit une grande affaire
en la grande Chambre, Monsieur le Président
l'interrompit dans son rapport, en lui disant,
Monsieur, vous ne nous parlez point d'une piece
qui est dans le sac, que l'on dit qui est décisive
du Procez, le Rapporteur faisant semblant de
chercher avec empressement ce qu'il ne souhaitoit point trouver, comme à la grande Chambre
on se souvient toûjours de Monsieur Ferrand,
un Conseiller qui n'étoit point ami du Rapporteur, lui dît en ces termes, si je faisois un
pareil manége que vous faites, on diroit que je
fais une piece de Ferandine.

On disoit de Monsieur de Lamoignon, que
Themis ne voyoit que par ses yeux, il ne pouvoit soûfrir de chicanneurs : on créa quelques
Procureurs au Parlement, mon Dieu, pourquoi
faire de nouveaux fripons ? Parmi ces Procureurs
nouvellement créez, il y en eût un qui trouva
assez de credit auprés de Monsieur le premier
Président, pour obtenir de lui d'aller à Baville
subir l'interrogatoire pour être des premiers
reçûs : le Recipiandaire arriva à Baville à
l'heure que l'on faisoit collation, il y avoit plusieurs Dames à table & un seul Conseiller, qui
étoit Monsieur de Brillac, Monsieur le premier
Président dît à ce Conseiller, Monsieur, je vous
prie d'interroger ce Procureur qui m'est recom-
mandé, Monsieur de Brillac en prenant un abri-
cot confit avec une fourchette, qu'est-ce que

des Confitures, Procureur ? C'est le bien d'un homme, dît le Recipiandaire, que l'on met au sol la livre pour distribuer à ses créanciers.

Le lendemain de la reception de ce Procureur, Monsieur le premier Président qui avoit grande Compagnie, dît, qu'il ne falloit que déjûner & monter à cheval incontinent, pour aller à la chasse de l'Oiseau, que les Valets & les Fauconniers retranchent leur morceaux, & sur tout diette à l'Oiseau, qui n'étoit qu'un tiercelet de Hautour, qui avoit pris plus de trois cens Perdrix en quatre mois de temps : Il y avoit deux hommes dans la cour du Château qui trouvoient à redire de ce que l'Oiseau n'avoit point de chaperon, Monsieur le Maréchal de Navailles qui les entendoit raisonner, dît, Messieurs, vous aimeriez mieux un Oiseau de leure qu'un chetif tiercelet; Monsieur de Lamoignon le fils prit la parole, ces Messieurs, nous dit-t-il, paroissent avoir une grande attache pour la grande & haute Volerie.

Au retour de la Chasse, Monsieur le premier Président trouva dans la Cour le Pere Rapin, qui étoit un Jesuite d'un merite distingué, qui l'attendoit à la descente du cheval, Monsieur de Lamoignon lui demanda, qu'avez-vous lû mon R. P. pendant nôtre Chasse, une chose, dît le Pere, que j'ai lûë cent fois, & qui me fait toûjours plaisir à lire, c'est ce qui a été fait de memorable par Monsieur le Cardinal de Richelieu : il faut confesser, dît ce Jesuite, que la Republique des Lettres doit avoir une grande veneration pour la memoire de cette Eminence ; tous ses amis étoient sçavans, & ses ennemis affectoient encore plus de l'être, pour tâcher de l'attaquer & lui faire la guerre, pour

marque qu'il y avoit des gens jaloux du merite
de cet incomparable Ministre, l'on sçait les
biens & la protection qu'il donnoit à cette Illustre Maison de Sorbonne, il ordonna par Testament d'être enterré avec les sçavans & arbou-
tans de nôtre Religion, cela fut fort éxactement
éxecuté; car peu de jours aprés sa mort, une
nuit on mit son cercuëil sur un Char trés-
magnifique, couvert d'un grand Poisle de ve-
lours noir en broderie d'or & d'argent, avec
ses Armes, le Manteau Ducal & les Ancres de
Grand Admiral de France : ce Char étoit traisné
par six Chevaux richement caparaçonnez, il
étoit precedé de cent Pages & Gentils-hommes,
portant chacun un flambeau à la main, pour
conduire le corps du Protecteur des Sciences
dans la Maison de Sorbonne, où son esprit
avoit brillé si fort; quelque mal-intentionné,
mais sçavant, fit une description en peu de
mots de cette Pompe funebre; il est de l'usage
dans tout le Christianisme, que lors que l'on
porte le corps d'un Défunt pour l'inhumer, que
la Croix est toûjours à la tête du Convoi, en
celui-ci il n'y en avoit point; ce qui fit dire
ces mots à un spirituel malicieux : *Fasces porta-*
*bant ephebi Crucem nemo quia currus vehebat*
*publicam,* qu'il n'y avoit point à la tête de
Croix, parce que le Corps du défunt étoit la
Croix publique & l'instrument de tous nos
maux.

Le Pere Rapin dit qu'il venoit encore de lire
une plaisanterie que fit Monsieur le Cardinal de
Richelieu, sur la promotion du Marquis d'Ambres à l'Ordre du S. Esprit : il étoit Lieutenant
de Roi en Languedoc, & creature du Cardinal,
il avoit une soumission aveugle aux volontez de

cette Eminence. Lors que le feu Roi prit reſo-
lution de faire une grande promotion de Cheva-
liers du S. Eſprit, ce Cardinal obtint de ſa
Majeſté de mettre le Marquis d'Ambres ſur la
liſte de ceux qui ſeroient honnorez de cét Ordre; auſſi-tôt toute la Province de Languedoc
fut imbuë de l'honneur que leur Lieutenant étoit
à la veille d'obtenir, & qu'ils le verroient bien-
tôt porter un Cordon bleu : la Province qui
avoit ſes Deputez à la Cour, qui avoient même
ordre de ſe plaindre de leur Lieutenant, pour
de prétenduës violences & exactions, qu'ils
diſoient qu'il faiſoit dans ce Gouvernement : les
Deputez ſçachant que celui contre qui ils avoient
ordre de faire des plaintes, étoit ſur le point
de porter une marque d'une auſſi grande diſtinction que celle du S. Eſprit, furent trouver ſa
Majeſté pour s'oppoſer s'ils pouvoient à ſon
élevation; ſa Majeſté les renvoya à ſon premier
Miniſtre pour écouter leurs plaintes, & ſur
icelles leur faire droit, ſur ce renvoi ils obtin-
rent Audience de ſon Eminence; dans laquelle
ils remontrerent qu'il étoit inoüi, qu'un Prince
auſſi juſte & équitable qu'étoit le Roi, voulût
combler d'honneur & de gloire un homme qui
s'étoit aquis l'averſion de tous les Corps de la
Province : Mais ſon Eminence connoiſſant que
ces plaintes étoient mal fondées, leur dit, Meſ-
ſieurs, il faut avoir des preuves en main pour
des-honnorer une perſonne de qualité comme
vous faites, ce n'eſt pas aſſez de dire dans des
termes generaux, il a fait des violences, des
concuſſions & exactions; mais qu'elles ſont-
elles ? Monſeigneur, comme nôtre Lieutenant
n'eſt point riche de naiſſance & de patrimoine,
& qu'il s'eſt mis ſur le pied de faire une groſſe

dépense dans fa Maifon, qui eft toûjours remplie de gens de toutes qualitez ; quand quelque
nombreufe Compagnie le doit venir voir, il
envoye querir dans fon voifinage, & par tout
où il peut, du foin, de la paille, du gibier,
des poulets : cette Eminence leur dît, je vous
promets de faire au Roi un rapport fidel de vos
remontrances : mais cependant, je vous dirai
par provifion, que cét Ambre eft plus fin &
plus attractif que l'Ambre ordinaire, qui n'attire
que la paille, celui-ci attire le foin, l'avoine,
le gibier, les poulets, & même dit-on, les
cochons de lait.

Fouveroi qui s'étoit aquis au Palais une liberté de tout dire, & de railler à tort & à
travers, dît à Monfieur le premier Prefident
qu'il venoit voir d'arriver le Roi David avec fa
Harpe dans la cour du Château, que fçachant
que l'on parle fouvent de lui à Baville, il vient
apparemment mêler la mélodie de cét inftrument avec ceux qui chantent fes Pfeaumes, fi
beaux & fi fpirituels ; mais ennuyeux à ceux
qui n'ont pas le véritable efprit de Penitence,
comme un certain Moine un peu trop relâché,
fatigué d'avoir chanté Matines : il faut avoüer,
dit-t-il, que David étoit un trés-grand homme
de bien ; mais en verité un peu trop babillard.

Ce conte m'eft venu dans l'efprit en voyant
cét homme, qui porte une Harpe inftrument
de Mufique, peu ufité depuis le Regne du
Pfalmifte : Il faut donc vous dire qui eft cét
homme, c'eft le joüeur de Harpe d'Eftampes,
qui vient vous demander vôtre Protection dans
un fort grand Procez qu'il a dans la Grande
Chambre, pour faire caffer le Teftament de la
Dame du Puis fa fœur, qui demeuroit à Paris,

qui

qui avoit si utilement joüé de la Harpe, qu'elle
y avoit gagné cinquante mille écus : il falloit
qu'elle joüât divinement pour faire un amas de
tant de sacs de mille livres de son gain, &
que ce frere que nous avons ici en joüe bien
pitoyablement, pour n'y avoir pas plus amassé
que s'il joüoit de la Vielle.

Ce malheureux vient de me dire la question
de son Procez, & les moyens qu'il a pour faire
casser le Testament de sa sœur donnatrice, qui
a fait un maître Chat ou gros Matou un de ses
Legataires, pour des-heriter un frere unique,
qui est ce joüeur de Harpe d'Estampes : cet
homme, dit Monsieur le premier President,
comme sa partie est un Chat, il trouvera beaucoup de parens de sa partie, qui ont bien des
entrées & du credit auprés de Madame la premiere Presidente, si vous vouliez Monsieur Fouveroi soûtenir les bonnes raisons du Chat, & la
validité du Testament & le maintenir dans son
legs, l'on vous donnera un homme qui vous
récompensera fort bien de vôtre plaidoyer : Je
pris la parole, & dis à Monsieur le premier
President, qu'ayant autre-fois lû l'instruction
d'un Procez criminel, qui avoit été fait pour
un enfant que l'on trouva à demi mangé &
dévoré par quelque animal, un Cochon fut
accusé de ce meurtre, on lui créa un curateur
en Justice pour tâcher à le disculper, & pour
que l'on ne pût pas dire qu'il étoit mort sans
être oüi par la bouche de son curateur; si cela
s'est pratiqué pour un Pourceau dans un procez
criminel intenté contre cette brute, qui ne vaut
rien que quand elle est morte, n'est-t-il pas
plus juste dans un procez civil de donner un
curateur à un Chat qui est fort bon quand il est

M

vivant, il est dispos & gaillard pour nettoyer
les maisons de ces misérables Rats & Souris,
& par conséquent utile pendant sa vie, & le
Cochon seulement après sa mort ? Fouveroi prit
la parole, & dît, nous nous entretenons de
l'accessoire, sans avoir mis le fait & instruit
Monsieur le premier Président du principal : Il
faut sçavoir que la Dame du Puis, sœur du
joüeur de Harpe d'Estampes, ayant aquis de
grands biens à joüer de cét instrument, comme
ses biens étoient d'aquisition, & qu'ils ne con-
sistoient qu'en argent & effets mobiliers, pré-
voyant une mort prochaine, fit un Testament
ollographe, où elle disposa generalement de
tous ses biens en faveur de ses meilleurs amis,
sans faire aucune mention de son frere, & donna
une rente viagere de cinq cens livres par an
pour son Chat & bon ami, laquelle rente fut
assignée sur tous ses Legataires, qu'ils payeroient
leur cotte part de cette rente pendant le vivant
du Chat, qui demeureroit pendant sa vie sous
la conduite d'une personne qu'elle nommoit : le
legs fait à ce Chat, c'est un moyen que nôtre
joüeur de Harpe croit infaillible pour faire
casser le Testament ; prétendant faire voir par
cette disposition impertinente, que l'on connoî-
tra la mauvaise situation & l'égarement de la
Testatrice lorsqu'elle fit ce ridicule Testament.
Si je plaide la cause du curateur du Chat, il
me semble que j'aurai des raisons à dire pour
le bon ami de la Dame du Puis, que l'on aura
de la peine à combattre ; quand j'aurai allegué
sa dexterité à prendre les Rats & les Souris ; le
repos qu'il a donné à sa Maîtresse, qui ne
pouvoit dormir lorsqu'elle entendoit une Souris
ronger quelque chose ; la retenuë qu'avoit ce

Chat à ne point fripponner comme les autres,
l'affiduité qu'il avoit à se tenir auprès de la
Testatrice ; & son sçavoir faire qui avoit captivé
les bonnes graces de sa Bien-factrice : Je sçai
que l'on me dira qu'un Chat est un animal, qui
ne peut être raisonnablement couché sur un
Testament, celui-ci étoit accoûtumé pendant le
vivant de la Dame du Puis, de reposer sur la
table de son Cabinet où étoit le Testament :
Monsieur de Lamoignon encore écolier dans les
basses Classes, fils de Monsieur le premier Président, dit, je n'ai point étudié en Droit, ré-
pondit-t-il à Monsieur de Fouveroi ; mais quand
il seroit vrai que le curateur d'un Chat seroit
habile à accepter un legs pour un animal, ce ne
seroit pas pour celui en question ; étant constant
que ce Chat est d'Espagne ; qu'il est vrai que
pour lui il est né à Paris ; mais que ses peres &
meres n'ayant point obtenu de lettres de natu-
ralité, qu'il est incapable de rien recevoir :
*Quæ ab initio non valuerunt tractu temporis non*
*possunt convalescere,* ce qui est vicieux dans le
commencement ne se repare jamais par la longueur du temps ; il faut donc conclure, que nonobstant cette raison, le joüeur de Harpe attrap-
pera moins du bien de sa sœur, que la griffe
du Chat.

Monsieur de Gaumont ancien Avocat & Con-
sultant, étoit le Conseil de Monsieur le Cardinal Mazarin, allant à une maison près d'Estampes qui étoit à son frere, Gentil-homme ordinaire de la Maison du Roi, fut voir & dîner à
Baville avec Monsieur le premier Président, &
après le repas, il le pria de lui vouloir faire
donner un Cheval de son écurie pour le porter
jusques à la Maison de son frere, Monsieur le

premier Prefident commanda au fieur de la Mar-
tiniere fon Ecuyer, de faire tenir prêt le meilleur
Cheval de fon écurie pour Monfieur de Gaumont, lequel partit incontinent ; & comme il
prenoit congé de la compagnie, Monfieur de
Lamoignon dit à Fouveroi, allez faire les honneurs de la Maifon, & reconduifez vôtre ancien
& vôtre Confrere, & le voyez monter à cheval,
Fouveroi exécuta ponctuellement ce qui lui avoit
été prefcrit, en revenant avec des éclats de rire :
Monfieur le premier Prefident lui demanda le
fujet de fa joye, il lui dit que fon ancien étoit
tombé en montant à cheval fans fe faire aucun
mal, & que Monfieur de Gaumont, comme un
palfrenier tenoit l'étrier d'un fort grand cheval,
& defefperant de ne pouvoir pas monter deffus,
dit en mettant le pied à l'étrier, & invocant
le Seigneur, mon Dieu aidez-moi, il fit un fi
grand éfort en montant, & prit de fi méchantes
mefures, qu'il tomba de l'autre côté du mon-
toir ; & étant relevé, il dit, mon Seigneur,
vous ne m'avez que trop aidé.

Le lendemain Monfieur de Gaumont, Gentil-
homme ordinaire de la Maifon du Roi, vint
voir Monfieur le premier Prefident : ce Gentil-
homme avoit toûjours de fort belles commiffions
par le moyen de Monfieur le Cardinal Mazarin,
qui fe fervoit des confeils de fon frere l'Avocat :
il eût une longue conference avec Monfieur le
premier Prefident, qui commanda que l'on dînât
de bonne heure, afin de monter en Caroffe
pour aller coucher à Paris ; le lendemain il fut
au levé du Roi, qui lui dit, hé bien, Monfieur
le Prefident, vous avez perdu un voifin, c'eft
de Fargues dont je veux vous parler ; mais
quand vous fçaurez qu'il n'étoit point de mes

amis, en vous donnant Cinq-fols, je vous con-
folerai de fa mort.

Je ferois même confolé de la mienne, dit
Monfieur le premier Prefident, fi heureufement
je la perdois pour le fervice du plus grand de
tous les Monarques, qui me comble d'honneurs
& de biens.

Le Comte de Nogent qui étoit prefent lorfque
fa Majefté tint ce difcours à Monfieur de Lamoignon, fut dire à tous ceux qui étoient dans
l'Antichambre, il faut avoüer que le Roi nôtre
Maître donne les chofes de fi bonne grace, qu'il
vient de donner Cinq-fols à Monfieur le premier Prefident, qu'il eftime autant que fi nôtre
Monarque lui avoit donné cinquante mille écus.

Fargues étoit Seigneur de Cinq-fols, qui eft
une Terre confiderable où il faifoit fa refidence
depuis fa rebellion : Il faut fe croire bien-heu-
reux, quand on a eû la hardieffe de tirer l'épée
contre fon Roi, de pouvoir avoir quelque fûreté
& tranquilité dans les Etats d'un Monarque que
l'on a voulu infulter : Fargues Major de Hefdin, étoit du nombre de ces foux qui croyent
qu'ils font bien cachez aux yeux de leur Prince,
quand ils ne grattent plus à la porte de la
Chambre du Roi : ce Rebelle dormoit tran-
quillement dans fon beau Château de faint Ce-
hour à huit lieües de Paris, quand le Roi donna
ordre de prendre ce vieux Renard lorfqu'il
quitteroit fon terrier : Il fut à Paris, où il ne
fut pas plûtôt arrivé qu'il fut arrêté prifonnier,
& mené à Abbeville en Picardie, qui eft le
Prefidial le plus proche de Hefdin, lieu de fa
Rebellion : il y avoit beaucoup d'ennemis, parce
que pendant fa Revolte il avoit fait contribuer
tout ce Païs-là, fes ennemis publioient qu'il n'y

avoit qu'un seul ami, qui étoit le Boureau de la Ville, à qui il avoit fait apprendre à travailler aux hautes œuvres à Hesdin, lorsqu'il y faisoit le petit Souverain : le Roi donna commission à Monsieur Maschault, Maître des Requêtes & Intendant de Justice en Picardie, avec le Présidial d'Abbeville, de faire le Procez à ce malheureux, il fut condamné à être pendu par jugement souverain de l'Intendant & des autres Commissaires; l'on vint dire au Roi que Fargues avoit été pendu, mais qu'il n'étoit pas étranglé, que le Maître des hautes œuvres lui avoit sauvé adroitement la vie : tous les Chasseurs sçavent qu'il est du devoir de celui qui commande l'équipage de la chasse lorsque le Roi y est, & qu'il chasse un Cerf, un Chevreüil, & même un Lievre, quand la bête est morte, de porter le pied à sa Majesté : le Maréchal de Grammont étoit proche du Roi quand on lui dit le doute où l'on étoit de sçavoir si Fargues étoit étranglé; Sire, dît le Maréchal, soyez fort persuadé de la mort de Fargues, Monsieur de Maschault n'en manque pas, & pour faire connoître la verité, il en apportera à ce que l'on m'a dit le pied à vôtre Majesté.

Le Maréchal continuant son discours, dît au Roi, le Maître des hautes œuvres d'Abbeville, qui avoit été élevé par de Fargues, lui fit connoître par experience qu'il n'avoit pas perdu son temps dans son apprentissage, parce qu'il étrangla son bien-facteur dans les regles cruelles de cét infame métier; ce Chef-d'œuvre n'auroit pas été dans sa perfection, s'il n'avoit pendu son bon Maître qu'en portrait ou effigie; mais il le pendit fort bien, & l'étrangla en Original.

Monsieur de Gaumont l'ordinaire de la Mai-

fon du Roi, vint voir Monfieur le premier Prefident à fon retour de faint Germain, & le
felicita fur la maniere obligeante avec laquelle
il avoit appris que fa Majefté l'avoit reçû ; il
lui conta la plaifante expreffion d'un Seigneur
Polonois, lequel ayant vû les Cours de Suede &
de Dannemarc, avoit la curiofité d'étudier celle
de France : étant à Verfailles, il vid plufieurs
Seigneurs qui portoient des Cordons bleus, que
l'on diftinguoit d'avec les autres perfonnes, &
remarqua que le Roi portoit le même ordre, il
demanda à un Seigneur de fes amis comme s'appelloit cét Ordre, il lui dît qu'Henri III.
qui avoit été auffi leur Roi en Pologne, aprés
fon abdication en ce Royaume, à fon retour en
France, il avoit inftitué cét Ordre fous l'invo-
cation & nom du faint Efprit ; cét Ordre en
France, dît le Polonois, eft ce qu'eft l'Elephant
en Dannemarc, qui eft l'Ordre de fa Majefté
Danoife ; voilà ce que vous me voulez dire,
que le faint Efprit de France eft un Elephant
en Dannemarc.

Les Noms de Dieu & du faint Efprit, que
nous ne devrions prononcer qu'en tremblant &
à genoux, quelque-fois l'ingenuité avec laquelle
l'on parle de ces Perfonnes divines, fait tomber
les plus pieux dans des indécences & des ris
folâtres, dont nous ne fommes pas les Maîtres;
& pour la verité de ce que j'avance, le Comte
de Nogent depuis deux jours fit éclater de rire
la Reine, qui eft la plus pieufe & la plus ferieufe
Princeffe du monde, fur le recit qu'il lui vint
faire : qu'étant allé entendre la Meffe aux
Carmelites de la ruë du Boulloi, il avoit vû
l'Eglife tenduë de deüil, qu'il avoit demandé
pour qui étoit cette Pompe funebre, qu'on lui

9* *Jeux d'Esprit*

répondit que c'étoit pour enterrer la Mere du S. Esprit : Il se trouva au dîner de la Reine, & lui dît, Madame, je viens apprendre à vôtre Majesté que le S. Esprit va être en grand deüil, parce que l'on se dispose aux Carmelites d'enterrer sa Mere, vôtre Majesté ne prendra-t-elle point aussi le deüil ; & vous Nogent, dît la Reine, vous auriez un sujet plus essentiel de prendre un plus grand deüil ; car vous avez perdu la raison, qui vous doit être plus proche que tous vos parens; & je suis si convaincuë de la perte que vous avez faite, par le ris indécent que vous me provoquez, que je me vois obligée de vous dire de prendre incessamment le deüil, puisque vôtre perte n'est que trop connuë de toute la Cour.

Un Gentil-homme qui avoit été dans les Mousquetaires, à qui le Roi avoit donné une Compagnie de Chevaux legers, étant fort consideré de Monsieur le premier Président, vint dîner à Baville, disant qu'il venoit de Versailles, & que le jour d'auparavant le Roi avoit fait la Revüë de ses deux Compagnies de Mousquetaires, à qui il avoit donné des Housses brodées d'une broderie fort legere, & qu'auparavant la Revüë le Maréchal de Grammont s'étoit trouvé au levé du Roi, que sa Majesté lui dît, vous venez à propos pour voir faire la Revüë de mes deux Compagnies de Mousquetaires, & vous me direz vôtre sentiment des Housses que vous allez voir, qui étoient si legeres qu'elles ne paroissoient presque point : Hé bien, dît le Roi, que dites-vous de cette parûre & nouvel ornement, Monsieur le Maréchal, comme le Roi voyoit par son silence qu'il n'applaudissoit point à cette nouvelle décoration, il le
*pressa*

preſſa de dire ſon ſentiment ſans déguiſement, puiſque vous me l'ordonnez, Sire, je vous dirai qu'une demie douzaine de Limaçons en bel humeur, en feront autant que cela en deux heures de travail & de leur promenade.

Tout le monde ſçait que les Limaçons ſe promenant ſur des murailles bien enduites ou des tapiſſeries, laiſſent une certaine bave argentine, qui ſemble une broderie pareille à celle que le Maréchal diſoit qu'il avoit vûë ſur les Houſſes des Mouſquetaires.

Monſieur le Duc de Noüailles qui avoit ſon Château de Ste. Genevieve des Bois, & qui étoit Gruier de Montlheri, dont Monſieur le premier Preſident avoit le Domaine, ſçachant qu'il avoit été chaſſer dans l'étenduë de ſa Grurie ſans avoir pû rien prendre, envoya le lendemain à Baville par un Garde-chaſſe, un grand Chevreüil à Monſieur le premier Preſident, avec une lettre fort honnête à lui adreſſante ; qui ſe mit ſur l'éloge de ce ſage Courtiſan ; je lui dis que cela me faiſoit ſouvenir du jugement qu'en avoit porté à la Reine le Comte de Nogent, dans l'entrevûë des Rois de France & d'Eſpagne dans l'Iſle des Faiſans : Comme la Reine-Mere vid le Mariage du Roi ſon fils conclud avec l'Infante d'Eſpagne ſa niece, elle brûloit d'impatience de partir pour voir le Roi Très-Catholique ſon frere, dont elle n'avoit qu'une legere idée de ſa reſſemblance, à cauſe du long-temps qui s'étoit paſſé qu'elle avoit quitté la Cour de Madrid : quand elle vid le Roi ſon frere à ce Rendez-vous, qui l'approchoit à pas comptez & meſurez, avec une gravité Eſpagnole, elle ne ſongea plus d'être Reine ; elle perdit tous les dehors de la Royauté pour embraſſer ce glaçon

N

de frere, qui se laissa baiser sans même s'incli-
ner : il faut avoüer que cette marque Espagnole
que la Reine avoit heureusement oubliée, déconcerta de telle sorte cette Princesse, que toute
la Cour de France s'apperçût de ce qui se passoit
dans son cœur : le lendemain matin comme
elle étoit à sa toillette, & discourant de la froideur du Roi Catholique, Nogent arriva comme
l'on parloit de cette froide entrevûë, qui étoit
capable d'enrhumer tous les François; la Reine
demanda à Nogent ce qu'il disoit du Roi son
frere; il répondit à cette Princesse, qu'il sup-
plioit très-humblement sa Majesté de ne le point
obliger de déclarer ce qu'il pensoit d'un si grand
Monarque que le Roi son frere, & que ce
n'étoit point à un petit Particulier comme lui à
rapporter son jugement sur la conduite & la
maniere d'agir d'un des plus grands Monarques
du monde, voilà, dit la Reine, des sentimens
fort respectueux; mais je veux à present que
vous vous montriez obéïssant, en disant de bonne
foi ce que vous pensez de cette froideur Espagnole; je trouve, dit Nogent, que Messieurs
de Noailles & de Beringhen, sont de vrais
Harlequins en comparaison du Roi vôtre frere.

　　Le Pere Rapin qui étoit presque toutes les
vacances à Baville, faisoit des voyages frequens
à Paris, & avoit ordre de Monsieur le premier
President, que lorsqu'il y auroit quelque Religieux convalescent, de l'amener au Château pour
reprendre ses forces, qu'il pourroit plûtôt faire
qu'en lieu du monde, parce que l'on ne manquoit de rien dans cette Maison : le Pere Rapin amena avec lui un Jesuite, fort usé d'avoir
Professé toute sa jeunesse toutes les classes des
Humanitez, de Philosophie & Theologie, &

avoir Prêché dans un âge plus avancé dans les
principales Cathedrales du Royaume, entr'autres
à Bourges, lorsque Monsieur de Vantadour en
étoit Achevêque, qui étoit fort aise quand on
lui parloit de sa divine Parente, parce que l'on
ne peut être parent de la sainte Vierge, que
l'on ne soit presque au même degré de nôtre
Seigneur Jesus-Christ. Comme ce Jesuite prêchoit devant Mr. l'Archevêque sur le Mystere
de la Trinité, il lui dît; mais Monseigneur,
il me seroit impossible de réüssir à un si haut
dessein, si je ne me servois de l'entremise de
Madame vôtre Cousine, en lui disant, *Ave
Maria.*

Comme nous sommes sur le chapitre des Predicateurs, il me souvient d'un incident qui arriva
à un Abbé qui étoit Aumônier du Roi, qui
tient à present un grand poste dans l'état Ecclesiastique : Prêchant un jour devant la Reine
dans l'Eglise des Peres Recollets de S. Germain-
en-Laye le jour de la Portioncule, qui est une
Fête considerable dans l'Ordre de S. François,
ce jeune Abbé qui avoit un grand talent pour la
Predication, au milieu de son Sermon fut des-
agreablement interrompu par un grand vent &
une tempête qui arriva pendant qu'il prêchoit,
ce vent impétueux par sa violence fit ouvrir
deux grandes fenêtres de l'Eglise, qui étoient
vi-à-vis de la Chaire du Predicateur, le grand
bruit & le fracas lui imposa silence; comme la
Reine étoit assise sur un fauteüil qui étoit sur
son Prie-Dieu, sa Majesté se trouva fort décon-
certée par ce tourbillon, elle avoit autour de
son fauteüil douze des cent Suisses de la Garde
avec leurs hallebardes, tous coururent impru-
demment à la fenêtre; mais comme que ce ne

N 2

pouvoit être que l'ouvrage d'un ou de deux,
ils monterent deux sur des bancs avec leurs
hallebardes, instrument assez propre à cet usage;
enfin fermerent les fenêtres, dont l'ouverture
avoit imposé silence au Predicateur : un des ces
Suisses plus étourdi que l'autre, voulant sauter
du banc sur lequel il étoit monté avec trop de
précipitation, se laissa tomber sa hallebarde à
la main, sur des Duchesses & filles d'honneur
qui accompagnoient sa Majesté : la chûte de ce
gros & grand Suisse fit un peu rire Monsieur
l'Abbé, & déconcerta pour un peu de temps
son Auditoire; quand le grand bruit fut appaisé
il reprit la parole, & s'adressant à la Reine,
Madame, vôtre Majesté ne doit point être sur-
prise de l'épouvante qu'elle a connu qu'il y avoit
dans cette Auditoire ; car en verité, y a-t-il
rien de si effroyable que de voir pleuvoir des
Suisses armez de leurs hallebardes ? En repre-
nant le fil de son discours : Je disois à vôtre
Majesté, &c.

Pour ne point sortir de la Cour & de ce qui
s'y passa en ce temps, le Roi avoit fait quelque
voyage, & au retour, comme toute la vaisselle
d'argent n'étoit point encore en sûreté, un petit
Officier de cuisine nommé le Cerf, qui avoit
pour complice un soldat au Regiment des Gardes, volerent pour une somme très-considerable
d'argenterie ; les Officiers qui étoient chargez
de la garde de cette vaisselle, s'étant apperçûs
de ce vol & de l'évasion du Cerf, furent trouver
Monsieur de Sourches grand Prévôt, pour faire
leur plainte du vol fait par le Cerf & le Soldat,
on obtient incontinent décret de prise de Corps
décerné à la Prévôté ; comme le vol étoit de
consequence, ayant été fait dans la Maison du

Roi, Monsieur le grand Prévôt monta au point
du jour sur le meilleur cheval de son écurie:
Monsieur le Maréchal de la Feüillade qui reve-
noit de Paris, demanda au Marquis de Sourches d'où il venoit si matin, il lui dît qu'il
chassoit le Cerf, & lui expliqua ce que c'étoit;
ce Maréchal impatient de raconter son avanture
à tous les Courtisans au levé du Roi, Messieurs,
auriez-vous bien crû que Monsieur de Sourches
est l'homme de la Cour le plus chaud pour la
Chasse, je l'ai trouvé ce matin monté comme
un S. Georges dans la Forêt, perçant & forçant
tous les Gaulis, pour forcer un Cerf qu'il
poursuivoit; il faut n'en déplaise à Monsieur le
grand Prévôt, être bien enragé pour la Chasse
du Cerf, pour aller Chasser dans les plaisirs de
sa Majesté sans permission.

Le Maréchal poussa la plaisanterie plus loin,
il trouva le Marquis de Saucourt grand Veneur
de France; en l'abordant, que dirois-tu Marquis, si je te montrois à la Cour un homme qui
vouloit ce matin forcer un Cerf dans la Forêt
sans en parler au Roi, & sans prendre ton attache & consentement comme grand Veneur de
France: tu ne croirois jamais qui est ce déterminé Chasseur, c'est le vieux Marquis de Sourches, s'il veut faire ta Charge, je ferois la
sienne si j'étois à ta place, & s'il court après
un Cerf, je courrois sans cesse après les Voleurs.

Monsieur Orfrestemourg Capitaine Suisse, dont
nous avons déja parlé, venant à Baville pour
demander Audience contre la veuve de ce Capucin Procureur, Monsieur le premier Président
lui demanda quelles nouvelles il lui rapporteroit
de la Cour: le Suisse dît, il faut que je vous
fasse rire de l'ingenuité & simplicité d'un Sci-

gneur Allemand de mes amis, qui a été envoyé
par son pere en France pour apprendre la langue,
& pour se polir un peu dans une Cour où il y a
autant de délicatesse qu'en celle du Roi Trés-
Chrétien, cét Allemand avoit des Officiers de
sa Majesté qui lui favorisoient toutes les entrées
du Louvre, pour lui faire voir tous les specta-
cles & tout ce qui se passoit de nouveau à la
Cour : Une veille de la Pentecôte, cét Etranger
vid arriver dans la Cour du Louvre le Recteur
de l'Université, qui portoit des Cierges au Roi
pour la solemnité de la Fête, précedé de grand
nombre de Bedeaux portant des Masses d'armes
d'argent, accompagné des quatre Procureurs
des Nations, Facultez de Théologie, de Droit
& de Medecine : ce Recteur étoit vêtu d'une
Robe violette, avec une ceinture ce me semble
avec de l'or ; cét Allemand demanda que vouloit
dire ce Cortege, on lui dît que c'étoit pour accompagner la Fille aînée du Roi Trés Chrétien :
il faut sçavoir que de temps immemorial, les
Rois de France ont toûjours traité l'Université
de Paris de leur Fille, l'adoptant pour leur
aînée ; ce qui est si vrai, que Henri IV. voyant
un jour arriver tous ces Sçavans plains de fange
& de boüe, dît, ventre-sin-gri, voilà ma Fille
aînée bien crottée : nôtre Allemand donc fort
persuadé que ce Recteur vêtu d'une Robe violette étoit une Fille de France : je croi, dit il,
que cette Princesse est Hermaphrodite, & que
sa Maison n'est pas encore faite ; car si elle
avoit un Barbier, il ne laisseroit pas venir au
Louvre cette Fille avec une si grande barbe :
On lui dît aussi que l'on disoit à la Cour de
l'Empereur, que le Roi de France avoit une
belle Fille qui seroit epousée de sa Majesté

Imperiale ; je ne conseillerois pas aux François
d'envoyer le potrait de la Fille du Roi à l'Empereur nôtre Maître : car si j'étois à sa place,
je me garderois bien d'épouser cette Hermaphrodite.

Ce Capitaine Suisse prenant congé de Monsieur le premier Président, Monsieur de Bullion
Conseiller au Parlement, & Seigneur de Fontenai prés de Baville, qui avoit l'honneur d'être
parent de la famille de Lamoignon ; car Me.
Jean de Bullion Conseiller du Roi en ses Conseils, Maître des Requêtes ordinaire de son Hôtel, qui avoit épousé Charlotte de Lamoignon,
qui etoient pere & mere de Monsieur de Bullion
Surintendant des Finances de France : ce fut en
sa faveur que Loüis le Juste créa une Charge de
Président au Mortier au Parlement de Paris, en
laquelle il fut reçû au mois de Février 1636. ce
Monsieur de Bullion Seigneur de Fontenai,
conta à Monsieur le premier Président, qu'un
ancien Domestique de feu Monsieur le Surintendant de Bullion, lui étoit venu demander avis
s'il acheveroit un traité qu'il avoit commencé
pour une Charge de Juré-crieur, parce que l'é-
tablissement de la Chambre pour la punition des
Empoisonneurs, ruïnoit considérablement la
Communauté des Jurez-crieurs : tout le monde
sçait que le Roi par Lettres Patentes, établit
des Commissaires pour faire le Procez aux accusez de poison, de quelque qualité & condition
qu'ils pussent être : plusieurs furent accusez,
mais peu de convaincus, parce que le crime de
poison ne se peut prouver que très-difficilement
par témoins ; mais aussi ceux contre qui les
Juges pûrent trouver des preuves, ils furent très-
rigoureusement punis : l'établissement de cette

Chambre dura quelque temps. Il n'y avoit point
de gens qui perdissent davantage à la rigueur
que l'on tenoit pour la punition de ce crime,
que la Communauté des Jurez-crieurs, parce
que toutes les personnes accusées de poison
éroient les plus riches du Royaume, & que par
leur mort, comme l'on faisoit des Pompes
funebres & des Enterremens magnifiques, cela
apportoit une grande utilité à cette Communauté : cet ancien Domestique voulut attendre
ce qui arriveroit du procez de Madame de Brinvilliers, pour voir à quoi il se détermineroit;
la voyant condamnée d'avoir la tête coupée &
son corps brûlé, il se resolut de donner de l'argent pour retirer un écrit sous signature privée,
par lequel il promettoit passer contrat de cette
Charge, dont le revenu étoit considerablement
diminué par la mort de la Brinvilliers : la partie
qui avoit vendu la Charge, ne voulut point
consentir la résiliation de l'écrit que pour une
somme considerable : celui qui avoit traité de la
Charge avoit la consultation d'un ignorant d'A-
vocat, sur laquelle il auroit mangé tout; cette
consultation portoit aprés un ridicule raisonnement, qu'il n'y avoit Juge, que lorsque l'on se
voyoit sur le bord du précipice, qui pût obliger une personne de franchir le pas & de s'y
jetter.

Ce sont ces Jurez-crieurs qui se chargent
generalement de tout le soin des tantures, paye-
ment des Prêtres & luminaires, des convois &
enterremens, qui se faisoient grassement payer
de gens qui venoient de profiter de la bourse
d'un défunt, qu'ils n'auroient pas s'il n'avoit
été heureusement pour eux empoisonné.

Le Sr. Berrier qui étoit voisin de S. Eustache,
**voyant**

voyant les frequens Convois qui paſſoient tous les jours devant ſa porte, lui qui convoitoit toûjours le bien d'autrui, & jalouſant le bonheur de ces Crieurs, il obtint de Monſieur C\*\* de faire taxer cette Communauté à une ſomme conſiderable & proportionnée à leur grand gain, ils eurent beau crier, ils ne pûrent avoir une décharge entiere : ils demanderent une modération, & promirent au Partiſan que s'il faiſoit plaiſir à leurs Corps, que toute la Communauté des Jurez crieurs s'engageroient ſolidairement & par Contrat, de faire tous les frais de leurs Biens-facteurs, & de toutes leurs familles, ſans que les enfans ou heritiers fuſſent obligez de débourſer un ſeul ſol, même pour l'ouverture de la terre, que l'on n'ouvriroit pas ſi-tôt pour ſon ſervice qu'ils ſouhaiteroient, brûlant d'envie & d'impatienc, de marquer avec éclat leur reconnoiſſance & leur zéle.

Cet ancien Domeſtique de Monſieur de Bullion nous a fait traiter cet article avec un peu trop de prolixité : comme les Surintendans ont la dipoſition entiere des Revenus du Royaume, quelque des-intereſſé que ſoit un Surintendant, on croit toûjours, jugeant autrui par ſoi-même, que l'occaſion prochaine de voler fait toûjours tomber ce premier Officier dans le crime de vol, comme Monſieur de Bullion étoit Seigneur de Bonnelles, on diſoit auſſi que pour bien voler, il falloit avoir Bonne-aîle.

Par la même création, où Monſieur de Bullion fut pourvû d'une Charge de Preſident au Parlement, le Roi créa auſſi vingt Charges de Conſeillers de la Cour, Monſieur Colombel qui avoit été long-temps Me. de Droit, & qui avoit enſeigné une grande partie des Conſeillers, leva la première Charge pour faire la planche aux autres ; ce Me. de Droit fut renvoyé par ses écoliers pour incapacité, ou plûtôt en haine de la nouvelle création ; ce qui fit dire à tout le monde, que les vingt-nouveaux étoient dangereux, & qu'ils avoient fait mal à la tête à tous ces Messieurs du Parlemens.

Le sieur Malo ayant son fils Conseiller, & voulant profiter de l'occasion, que les gens qui avoient levé de nouvelles Charges étoient odieux, le fils d'un homme d'affaires qui l'avoit maltraité pour une taxe, fit qu'il pria son fils le Conseiller de faire voir à ce Recipiandaire les quatre coins du Tripot, & de tâcher de le faire refuser pour incapacité, il se le tint pour dit : le lendemain il fit les Chambres assemblées, plusieurs argumens sur la Loi & sur les Fortuits, le Recipiandaire répondit pertinemment sur les questions qui lui furent faites ; comme le Conseiller Malo vid qu'il avoit si bien répondu & qu'il alloit être reçû, il crût qu'il se falloit faire un ami d'un homme qui alloit être son Confrere : après lui avoir proposé le dernier argument, il dît au Recipiandaire, Monsieur, c'étoit pour faire paroître vôtre capacité que j'ai argumenté contre vous avec tant de chaleur, afin que l'on se persuade que c'étoit pour faire briller vôtre esprit : le Recipiandaire lui répondit que ces argumens l'avoient tellement déconcerté, qu'il avoit fait vœu en disant l'Oraison dominicale, de songer à lui auparavant que de prononcer ces dernieres paroles du *Pater*, *sed libera nos à Malo*.

Le Pere Rapin ne manquoit pas d'amener à Baville quelque Jesuite qui pût entretenir la Compagnie, il amena un jeune Profez qui avoit

un manufcrit de plaifanteries qui s'étoient paffées
à la Cour, & nous dit que la derniere qu'il
avoit lûë, étoit comme l'élevation du Cardinal
de Richelieu avoit abattu le grand credit de la
Maifon d'Efpernon : ce Duc étoit Colonel de
l'Infanterie Françoife ; c'eft une chofe affez publique, qu'un jour cette Eminence montoit le
grand dégré du cheval blanc de Fontainebleau,
avec un nombreux & brillant Cortége, Monfieur d'Efpernon qui étoit dans le déclin de fa
fortune, n'étoit accompagné que de chetifs Su-
balternes dont il enrageoit ; en defcendant ce
même dégré, lorfqu'il fut proche de fon Eminence, il lui dit, Monfieur, vous montez, &
nous defcendons, Monfieur le Cardinal lui répondit, fi Dieu m'avoit donné encore plus de
forces & de fanté, je monterois plus vîte que
vous ne defcendez.

La malignité de la nature fe reconnoît tous
les jours dans le plaifir que quelques gens reçoi-
vent, quand ils voyent quelqu'un qui par une
gliffade ou un faux pas fe laiffent tomber, vous
entendez des éclats de rire des Spectateurs : de
pareils accidens, s'il arrive quelque décadence
d'un Grand de la Cour, combien de gens dans
leur cœur ont de joye de voir un pareil abaiffe-
ment ? Monfieur d'Efpernon voyoit de jour en
jour fon credit diminuer : il fçut que B *   *
faifoit fans ceffe des railleries en préfence du
Roi fur fes gafconnades, & ce même Satirique
avoit fait auffi un livre, qu'il avoit intitulé
l'Hypofandre ou homme Cheval, un Duc du
premier Rang demanda à Monfieur d'Efpernon
s'il n'avoit point lû ce nouveau Livre qui étoit
le joüet de toute la Cour, le Duc d'Efpernon
lui dit qu'il l'avoit lû exactement & avec appli-

cation : ce Duc son ami lui dit, je vous con-
seille de faire dépense chez les Libraires, non
pas pour l'acheter , mais pour le supprimer;
car il est certain que vous êtes le Heros de cette
Histoire, je sçai qui est l'Auteur de cét ouvrage
outrageant & satirique , si vous voulez bien
joindre vôtre credit au mien je ferai châtier le
calomniateur, vous sçavez que j'ai en ma disposition tout le Regiment des Gardès , je vas
commander à quatre Sergens du Regiment, que
lorsqu'il paroîtra demain pour se trouver au levé
du Roi , de le punir un peu de sa temerité,
l'affaire fut executée comme elle avoit été pro-
posée ; car l'Auteur descendant de son Carosse
pour aller dans la Cour du Louvre, ces Sergens s'acquitterent dignement de leur promesse ;
& comme ils le battoient impitoyablement, il
se mit à crier, ah ! Messieurs, battez ; mais
conservez-moi la vie & ne me tuez pas : cette
violence & cét assassinat ne fut pas plûtôt commis, comme c'étoit à la porte du Louvre, que le
Roi commanda au grand Prévôt de l'Hôtel de
faire une information exacte contre les assassins
& leurs complices, sa Majesté voulant faire une
justice exemplaire de cette violence ; mais le
credit de ces Ducs empêcha que l'on nepût avoir
aucune lumiere de cette affaire, le grand Prévôt même n'étoit point fâché de ne voir pas
plus clair, il fut trois mois entiers sans aller au
Louvre ; & quand il fut guari de ses blessures,
il voulut se trouver au levé du Roi ; comme
il passoit dans cette même place où il avoit été
battu , un de ces Sergens qui étoit dans le corps
de Gardé François, se mit à crier, ah ! battez;
mais ne tuez pas , nôtre blessé connut bien
que l'on insultoit encore à son malheur, il ne

ne laissa pas d'aller à la Chambre de sa Majesté,
où il ne fut pas si-tôt entré , que le Roi lui
témoigna qu'il avoit compati à son chagrin, &
qu'il prenoit toute la Cour à témoin, s'il n'a-
voit pas fait tout son possible pour découvrir les
complices de cét assassinat, le blessé dit à sa
Majesté, qu'il n'avoit que trop de preuves de sa
bonté & charité : il essuya bien-tôt ses larmes
en faisant une plaisanterie, disant au Roi, Sire,
il y a trois mois que je ne suis venu au Louvre;
il est vrai que quand je me vis assassiné, comme
il est naturel de se conserver la vie, je criai,
ah ! battez , mais ne tuez pas : j'ai entendu
l'Echo qui repetoit ces mêmes paroles, battez,
mais ne tuez pas; ce qui me fait dire à vôtre
Majesté, que j'ai découvert aujourd'hui une
merveille qui est à la porte du Louvre, d'un
Echo qui répond trois mois aprés que l'on a
parlé.

Comme Monsieur Boucherat alloit tous les
ans aux Etats de Bretagne, il ne manquoit guè-
res, soit en allant ou en revenant, de venir
voir Monsieur le premier Président, avec qui il
avoit lié de longue main une trés-étroite amitié,
il vint coucher à Baville, & voulut partir dés
le lendemain de grand matin, ayant toutes ses
journées comptées pour se rendre à l'ouverture
des Etats, Monsieur le premier Président le fut
conduire le matin de son départ à son Carosse,
& comme je consideroit les Armes qui étoient
au derriere qui est un Coq, qui sont les Armes
des Boucherats, Monsieur de Lamoignon qui
connoissoit mieux que personne le genie & la
penetration de ce grand Magistrat, voyez ce
Coq, me dit-t-il, il volera sur l'imperiale &
chantera bien haut quelque jour sur nos têtes.

Quelques années aprés, Monsieur Boucherat revenant de son voyage de Bretagne qu'il faisoit tous les ans, je le trouvai à N. D. de Cleri dans l'Hôtellerie de l'Autruche, où il m'apprit la nouvelle de la mort de Monsieur le Chancellier le Tellier ; & me dit, voilà une riche succession ouverte., Dieu a donné beaucoup d'enfans d'un merite distingué à ce Ministre, qui feront assûrément un bon usage des grands biens qu'il leur a laissé : Je lui dis que je faisois des vœux au Ciel, pour que ce Coq que nous avions remarqué dans ses Armes lorsqu'il étoit à Baville, fût d'un bon augure, en lui disant de la maniere que Monsieur de Lamoignon l'avoit expliqué à son départ, voilà, dit-t-il un Coq, qui quelque jour chantera bien haut sur nos têtes ; c'est pourquoi je souhaite que cét Oiseau de lumiere éveille si à propos nôtre éclairé Monarque, du choix qu'il a à faire pour remplir la Charge la plus importante de l'Etat, & qu'à son réveil il se détermine en vôtre faveur, pour vous placer à la tête de tous les Tribunaux.

Ce grand Chancellier qui l'étoit déja *in petto* de sa Majesté Trés-Chrétienne, me répondit, j'ai obligation à la memoire de Monsieur le premier Président, & à vous de vos souhaits, Monsieur de Lamoignon auroit été un veritable Sujet pour remplir les fonctions de cette Illustre Charge, & pour être à la tête du Conseil ; mais Dieu l'a trop-tôt appellé pour le bien des Peuples : Je vous avoüe, me dit ce grand Magistrat, que je ne songe nullement à cette élevation ; nous ne nous mettons point en peine que vous y pensiez, lui répondis-je, pourvû que nôtre Monarque y veuïlle songer pour vous & pour nous.

Si sa Majesté avoit été aux Maisons de ville
& de campagne de son nouveau Chancellier,
Elle lui auroit pû faire le même reproche qu'E-
lizabeth Reine d'Angleterre fit à son Chancellier
Bacon, prétendant qu'il y avoit de la bassesse
d'être logé dans une si petite Maison pour un
Officier de son importance ; il répondit à la
Reine que c'étoit sa faute, de l'avoir fait si
Grand.

Il y a des traits d'Histoire si memorables dans
la vie d'Elizabeth Reine d'Angleterre, qu'il est
impossible de s'empêcher d'en parler.

Elle étoit fille de Henri VIII. Roi d'Angleterre, & d'Anne de Boulen, elle nâquit le 8.
Septembre 1533. & succeda à sa sœur Marie,
comme elle eût appris la mort de cette Reine,
& craignant Henri II. Roi de France, qui
avoit fait déclarer le Dauphin son fils Roi
d'Angleterre, à cause qu'il avoit épousé Marie
Stuart. Elizabeth se défiant encore de Philippes
II. Roi d'Espagne, qui s'interessoit à l'honneur
de Catherine d'Espagne, femme répudiée de
Henri VIII. ce qui fit qu'elle s'empressa de
venir à Londres, où elle se fit Couronner par
l'Archevêque d'Yorch. Aprés la mort funeste
de Henri III. Roi de France & de Pologne,
arrivée en l'année 1589. elle envoya du secours
à Henri le Grand, & fit alliance avec lui : ce
fut cette sanguinaire Princesse, qui se donna le
plaisir de voir massacrer par un infâme bourreau
Marie Stuart, qu'elle avoit vûe sur le Trône
de France : elle regarda à ce que l'on dit, cét
épouvantable catastrophe avec dérision, sans faire
aucune reflexion que ce détestable exemple auroit des suites fâcheuses pour la Posterité : Jamais Reine n'a pris plus de précaution à se

conserver une Couronne que cette Princesse ; car
sous les moindres soupçons, elle faisoit empri-
sonner les personnes les plus qualifiées, quand
elle croyoit qu'ils étoient capables de conspira-
tion, ou contre l'Etat, ou contre sa personne ;
ce qui fut cause que la Tour de Londres se
trouva tellement remplie de Prisonniers, que
l'on fut obligé de chercher les moyens d'ac-
croître les logemens, ou du moins de ne laisser
rien d'inutil dans cette triste demeure : on s'avisa
d'ouvrir la porte d'une Chambre qui étoit murée
de temps immemorial, où l'on trouva sur un
lit qui paroissoit avoir été assez propre, deux
Cadavres désechez, qui avoient chacun une
corde au col, l'on sçût incontinent que c'étoit
les squelettes du Roi Edoüard & du Duc d'Yorch
son frere, que cét impitoyable Richard leur oncle fit étrangler pour s'assurer la Couronne, qui
lui fut bien-tôt ôtée après son crime, par les
ordres de Henri VII. ayeul d'Elizabeth : cette
prudente Princesse fit imposer silence tout autant
qu'elle pût aux gens qui avoient vû un si épouvantable spectacle, & donna ordre de remurer
la porte en diligence. Un Auteur moderne &
d'un grand merite, dit avoir appris de son pere
qui étoit Ambassadeur en Hollande, que pendant le temps de cette Ambassade, que le Prince
Maurice de Nassau avoit fait confidence à ce
Ministre du veritable sujet du desespoir d'Elizabeth, & des circonstances de sa mort : ceux
qui ont quelque connoissance de l'Histoire d'Angleterre, n'ignorent pas que cette Princesse n'aye
eû un amour éperdu pour le Comte d'Essex, on
dit que dans le plus fort de sa passion qu'elle
donna une bague à ce Seigneur, en lui pro-
testant que ce dépôt étoit capable de calmer

quelque

quelque colere & quelque emportement qu'elle
pût avoir contre lui, lorsque ce gage de son
amour lui seroit representé : cét imprudent Comte
ne faisant pas reflexion que si l'âge diminuë de
la beauté d'une Reine, que la Majesté lui demeure toûjours en partage, & qu'il faut plûtôt
s'arrêter sur les brillans d'une Couronne, qu'à
remarquer les rides d'un visage : Il parloit avec
mépris de la beauté de cette Princesse, dont elle
se trouva tellement outrée de l'indifference d'un
amant qu'elle aimoit si aveuglement, qu'elle
jura sa perte ; ce Seigneur ne sçavoit pas que
ceux qui déplaisent aux Monarques, doivent
être compris au nombre des morts : Elle fit faire
le Procez à ce pauvre Comte, croyant toûjours que dans le temps de la prononciation de
son Arrêt de mort, qu'il lui envoyeroit lui-
même sa remission, en lui representant cette
bague : ce malheureux Comte dans cette extremité prit de fort mauvaises mesures, il pria la
femme de l'Admiral Havard sa parente, de resti-
tuer ce dépôt à la Reine en main propre ; mais
l'Admiral son mari étant ennemi capital du
Comte, empêcha sa femme d'executer cette importante commission : cependant la Reine indi-
gnée contre l'humeur altiere & indomptable, à
ce qu'elle croyoit de ce Comte, qui aimoit
mieux perir que de recourir à sa clemence, y
donna les mains, & consentit à l'execution de
ce malheureux. Peu de temps après l'Admiralle
étant tombée malade & à l'extrémité, envoya
prier la Reine auparavant que de mourir, qu'elle
pût lui découvrir un secret de la derniere consequence ; la Reine étant allée voir cette Mori-
bonde, & étant proche de son lit on fit retirer
tout le monde de la Chambre, où l'Admiralle

lui préfenta la grace du Comte d'Effex après fa
mort ; c'eft-à-dire , qu'elle rendit ce pernicieux
joyau , qui ne pouvoit plus faire que mourir
de chagrin & de rage , la perfonne à qui il alloit
tomber entre les mains ; ce qui fe trouva tellement vrai , que cette reftitution imprudente &
faite à contre-temps , frappa la Reine d'une
douleur mortelle , on la vid pendant 15. jours
fe baigner de fes larmes ; enfin , une des plus
riches Princeffes du monde vouloit mourir de
faim pour expier la faute qu'elle avoit impru-
demment commife , de confentir à la mort d'un
amant , qui à la verité avoit eû des manquemens dans fa conduite ; mais d'ailleurs , qu'elle
n'avoit des preuves en main que trop convain-
cantes qu'il n'étoit point mort Impenitent.

Il y a des chûtes dans les Converfations que
l'on ne peut pas prévoir dans le commencement,
je croyois ne dire que deux mots en paffant d'E-
lizabeth Reine d'Angleterre, cependant je me
fuis plus étendu que je n'avois refolu ; mais pour
ne point fortir fi-tôt de ce Royaume puifque je
m'y fuis engagé , j'entens parler d'un Etat ,
quand je parle du Souverain. Tout le monde
fçait que le Roi de la grande Bretagne dernier
mort , a fait un féjour confiderable à Paris pendant l'invafion de fes Etats par Cromwel , fa
Majefté Britannique alloit fort fouvent coucher
à faint Germain-en-Laye à la Capitainerie des
Chaffes , chez Monfieur de Beaumont , que le
Roi T. C. appelloit le Dragon , parce qu'il ne
paroiffoit pas qu'il y eût aucune regle en fa conduite : c'étoit un homme de plaifir & de bonne
chere , qui ne mangeoit que du pain & du fro-
mage , cependant avoit à tous fes repas des piramides de Gibier que la Forêt lui fourniffoit , il

avoit les meilleurs Chiens de France, il n'en
gardoit aucun quand il lui connoiſſoit quelque
défaut : un jour un de ces chiens dévora trop
goulument une piece de gibier, ce qui lui déplût
tellement qu'il medita ſa perte, & le fit con-
damner à mort par jugement ſouverain du Roi
de la grande Bretagne, qui devoit venir ſouper
& coucher à la Capitainerie : le Dragon nous
dit, comme le Roi d'Angleterre eſt grand con-
noiſſeur de chiens, je gage qu'il n'aura pas plûtôt vû ce chien qu'il le fera tuer ; il ne manqua
pas de donner ordre à un Garde de Chaſſe, que
ſur la fin du ſouper l'on fiſt entrer ce chien :
le Dragon le voyant ſe mit à crier, que l'on
chaſſe Cromwel, ſa Majeſté dit de ſon côté,
que l'on ſe garde bien de le chaſſer, puiſque
nous le tenons qu'on le pende, il s'en iroit en
Angleterre, où pour ce nom l'on a tant de
veneration, il y ſeroit bien reçû, mais à cauſe
du nom il faut qu'il ſoit pendu ici.

Sa Majeſté Britannique avoit paſſé pluſieurs
jours à faire la débauche avec le Dragon, ſans
conſiderer qu'il étoit menacé d'une grande maladie qui s'aigrit par le vin, & qui ne ſe guarit
que par une grande diette : il fit une confidence
de ſon mal à d'Aubray compagnon de ſes débau-
ches, & lui demanda de quel Chirurgien il ſe
ſervoit en pareils accidens, d'Aubray lui dit
qu'il avoit un ami particulier qui étoit un habile
Medecin, qui l'avoit tiré d'affaire en pareils ren-
contres, le Roi en prit le nom ſur ſes tablettes,
ſans mettre le lieu de ſa demeure, il s'appelloit
Guerin : d'Aubray demeura quelques jours avec
le Dragon, & ſa Majeſté partit pour Paris, où
il ne fut pas plûtôt arrivé, qu'il demanda ſi
quelqu'un de ſes valets de pied ne ſçavoit

point où demeuroit un Medecin nommé Monsieur Guerin, un valet de pied ne songeant qu'au nom de Guerin, sans penser qu'il étoit Medecin, dit au Roi, Sire, je le connois & sçai sa demeure; il ne manque pas, il s'en fut au logis de Monsieur Guerin Conseiller au Parlement avec un billet du Roi, qui le prioit que toutes affaires cessantes il le vint trouver : on porta ce billet au Palais où il étoit, il le montra à la plus grande partie de ses Confreres, qui le feliciterent sur quelque emploi, qu'aparemment sa Majesté Britannique lui vouloit procurer : Monsieur Guerin fut en robe de Palais trouver sa Majesté, laquelle le voyant en robe, crût qu'il avoit pris un habit de Ceremonie pour le venir voir : il entra dans le Cabinet du Roi, qui lui dit qu'il avoit de fort vilaines affaires à lui faire voir, jusques-là, Monsieur Guerin ne comprenoit pas ce que ce pouvoit être que ces affaires; mais dans ce moment le Roi appella son premier valet de Chambre, & lui dit, il faut me des-habiller pour montrer mon mal à Monsieur le Medecin, & sans perdre le temps mit ses chausses bas; je ne suis pas si heureux, Sire, dit le Conseiller, pour que mon ministere vous soit necessaire dans vos besoins, je souhaiterois aujourd'hui n'être plus Conseiller au Parlement, & être un fort experimenté Medecin pour vous rendre service : le Roi dit, je vois que c'est la sottise d'un valet de pied qui me fait essuyer la confusion que je reçois aujourd'huy, je vous ai découvert trop legerement ma turpitude, mais j'espere tout de vôtre discretion.

Le Dragon entretenant le Roi de la grande Bretagne dans la Cour des cuisines de saint Germain, lui dit, Sire, voilà le lieu où Henri IV.

& Grand-pere de vôtre Majesté, qui étoit un Prince d'une vivacité surprenante, & qui ne répondoit quand il étoit en grande colere ou en belle humeur, que par des pointes d'esprit, que quelques bonnes qu'elles ayent été, sont émoussées par le long usage que l'on en a fait ; cependant je ne puis m'empêcher de dire à vôtre Majesté, que ce fut en ce lieu que Monsieur le Duc de Sulli, que ce Monarque appelloit son Compere, comme il sçavoit que son Maître amoit tout ce qui pouvoit contribuer à gagner des Batailles, & qu'il étoit fort persuadé qu'il n'y avoit rien si necessaire à un Heros que d'avoir un beau & bon Cheval dont on fût assuré, il en fit venir un d'Espagne, qui étoit connu de reputation par tous les Academistes, & qui passoit pour être du bois dont on pouvoit faire un Bucephale : le Duc le fit voir tout nud à sa Majesté, n'ayant qu'un filet à la bouche, le Roi fut surpris de la beauté de l'animal, commanda qu'on le sellât pour le monter, cependant qu'on l'étoit allé brider, & que c'étoit un chef d'œuvre de palfrenier que de lui mettre la selle, le Duc dit au Roi, ce Cheval que l'on trouve si beau n'a qu'un défaut qui n'est connu que par les garçons d'écuries ; c'est qu'il est presque impossible de le seller, le Roi dit, ce n'est pas une affaire que cela, il le faut envoyer au Chancellier de Silleri, il scelle tout.

Le Chancellier de Birague qui avoit la même dignité, n'auroit pas pû sceller comme Monsieur de Silleri ; car il disoit souvent qu'il étoit Prêtre sans benefice, Cardinal sans chapeau, & Chancellier sans Sceaux.

Monsieur de Beaumont accompagnoit sa Majesté Britannique dans une Chasse dans la Forêt de faint Germain, le Cerf de meutte obligea fa Majefté d'approcher de fort prés le Château de Maifons, appartenant au Préfident de ce nom, qui a été quelque temps Surintendant des Finances de France, & confiderant la magnificence de ce bâtiment ; je croi que le Roi de France vôtre Maître, dit fa Majefté Britannique, ne laiffera pas faire des piles de bâtimens comme celles que je vois, aux gens qui auront la direction de fes Finances ; affurément, dit le Dragon, il aime trop les piftoles pour les changer en pierres, & les mettre les unes fur les autres avec beaucoup de dépenfe ; mais ils feront des piles de Contrats, que l'occafion du laiffé courre, ce qui ne donnera jamais moyen à nôtre Monarque de s'indiquer ces riches en parchemins.

Le Dragon prefque tous les jours parroit à la pointe du jour pour fe trouver au levé de fa Majefté Britannique & à la toillette de la Reine, il ne pût un certain jour faire la même diligence, il envoya faire fes excufes au Roi d'Angleterre qui avoit couché à la Capitainerie, s'il n'avoit pû fe rendre auprés de lui fur le midi comme il s'y étoit engagé, mais que fans faute il fe trouveroit au foupé : Beaumont ne manqua d'arriver auparavant que le couvert fut mis, il fit les complimens du Roi & de la Reine, & de toute la Cour à fa Majefté Britannique, & lui dit pour nouvelles, qu'en entrant chez la Reine il avoit trouvé Nogent fort échauffé, que fa Majefté le voyant tout en eau & en fueur, lui demanda d'où il venoit, il lui dit, Madame, j'ai été obligé de quitter mon Caroffe à la Croix du Tiroir, & de fendre une armée de Foux qui font à l'entour d'une potence, où on alloit pendre une femme, j'ai demandé quel

erime avoit commis cette miferable, on me
répondit que c'étoit la Sage-femme des filles
d'honneur du Louvre, ce qu'une folle & bru-
tale l'Populace avoit dit d'un ton éclatant ; en
verité, leur dit Nogent, vous autres qui parlez
fi peu refpectucufement & avec tant de brutalité,
vous meriteriez d'être mis comme de pernicieux
& dangereux Foux à la place de cette Sage-
femme.

Le Roi de la grande Bretagne montoit tous
les jours à Cheval pendant le féjour qu'il faifoit
à S. Germain, pour Chaffer avec les Chiens du
Dragon, & quatre grands & forts Levriers
d'Angleterre, qui étoient dreffez à forcer les
bêtes noires : un Sanglier d'une prodigieufe grandeur, qui avoit des défenfes formidables, fut
l'année enfuivante pris & étranglé par ces Levriers près la celebre Abbaye de Poiffi, qui eft
une nombreufe Communauté de Religieufes
Jacobines, prefque toutes de qualité & bien
faites : je dis à fa Majefté Britannique, comme
je fçavois bien le penchant qu'il avoit d'entendre
parler avec avantage d'Henri IV. fon Grand-
pere maternel, je lui appris que ce Monarque
auparavant que de changer de Religion faifoit
l'amour à une Religieufe de cette grande Abbaye, cette paffion ne fut pas de longue durée,
il changea pour s'attacher encore pour peu de
temps à une Religieufe de Maubuiffon : lorfque
tous fes Courtifans le voyoient toûjours indeter-
miné s'il franchiroit le pas de quitter fa Religion, lorfqu'il dit à toute fa Cour, après avoir
fait deux vifites à Maubuiffon, c'eft aujourdhui
que vous pouvez publier que j'ai changé de
Religion.

Monfieur le Duc de Vitri qui étoit à faint

Germain pour rendre visite à sa Majesté Britannique, il lui dit que son pere le Maréchal s'étoit fort étudié à remarquer les bons mots dont la conversation de Henri le Grand brilloit, ce Monarque publioit hautement qu'il n'avoit pas plus eû dans ses amours de fidelité pour ses Maîtresses, qu'elles en pouvoient avoir eû pour lui, que toute sa vie sa destinée l'avoit toûjours fait tomber dans de perfides mains. L'on dit qu'un jour sa Majesté T. C. étoit allée faire collation chez une de ses Maîtresses, comme il surprit cette Dame, qui ne vouloit pas faire voir au Roi un Cavalier qui étoit dans sa chambre, ce Seigneur entendant arriver le Roi, se glissa sous le lit, apprehendant d'être vû de son Maître, il n'avoit pas eû le loisir de prendre d'assez bonnes précautions pour n'être pas découvert, le Roi faisant collation apperçût un pied de ce Seigneur qui étoit sous le lit, sa Majesté prit une assiette de Truffes dont il en mangea quelques-unes, & jetta le reste sous le lit, en disant, il faut que tout le monde vive, même les Larrons & les Paillards.

Comme la Dame dit à sa Majesté, que lorsqu'Elle seroit partie qu'elle alloit faire chercher les Truffes dispersées, il faut, dit le Roi, ne les point faire amasser par d'autre que par celui qui de droit les doit manger, & par ce moyen tout tournera au profit de la Maîtresse de la maison, & même elle pourra tirer les interêts d'une bonne digestion.

Comme le change que Henri IV. donnoit à ses Maîtresses les rendoit infidelles, il croyoit que l'infidelité étoit l'appanage de ce Sexe, comme on lui alleguoit la haute opinion de la fidelité que Charles IX. qui étoit son penultième

Roi

Roi de France, que ce Monarque avoit conçûë
de sa femme Elizabeth d'Autriche, fille de
l'Empereur Maximilien, qui fut mariée à Spire,
on celebra le Mariage à Mezieres, & fut Cou-
ronnée à saint Denis par Charles Cardinal de
Lorraine : Aprés la mort de Charles IX. elle
se retira à Vienne, où elle mourut en l'année
1592 âgée de trente-huit ans seulement : pendant son Regne en France, elle étoit l'amour &
l'admiration des Parisiens, le Roi son Epoux
l'appelloit la Sainte. Comme l'on rapportoit à
Henri le Grand les hauts sentimens de Charles
IX. pour Elizabeth d'Autriche sa femme ; si
j'étois Pape, dit Henri le Grand, je ne voudrois
point de plus grande & plus forte preuve pour
la Canonization d'une femme, que l'attestation
d'un mari.

Le Dragon contoit à sa Majesté Britannique,
qu'étant allé la derniere fois qu'il fut à Paris
entendre la Messe aux Quinze-vingts ruë saint
Honoré, proche du Louvre & du Palais Royal,
& dans le quartier des Hôtels & des Maisons
de qualité, & par consequent le séjour des
paresseuses : les Achevêques de Paris pour attirer
le concours des gens du premier Rang à cét
Hôpital, ont une tollerance non commune
pour que les Messes soient toûjours les dernieres
celebrées de toute la Ville ; ce que sçachant une
Dame qui avoit déja couru plusieurs Eglises,
trouvant toutes les Messes dites dans les Paroisses
& Monasteres, s'en fut aux Quinze-vingts, où
elle vid un Prêtre qui finissoit la Messe, la
Chapelle étoit si plaine qu'elle fut obligée de
s'agenoüiller prés du Celebrant : au moment de
la Consecration, un jeune aveugle croyant prendre la Chasuble du Prêtre pour la lever, au

Q

lieu de cela il troussa la juppe & la chemise de
la paresseuse, & se mit en même-temps à sonner
avec empressement la sonnette qu'il tenoit à sa
main droite, l'autre étant employée à lever les
juppes & la chemise de la Dame; ce pauvre
petit aveugle fut fort surpris, qu'au lieu d'entendre de profonds soûpirs, que tout le monde
doit pousser par le profond respect que les assistans doivent avoir pour le plus auguste de nos
Misteres, on entendit un éclat de rire de voir
trousser la Dame, ce qui déconcerta pendant
quelque temps le Celebrant.

Voilà, dit le Dragon, ce que j'ai vû arriver
à Paris, en s'adressant au Roi d'Angleterre, qui
trouva cette Histoire assez plaisante; mais je
vous dirai, Sire, que dans le poste que je tiens
ici, que tous les Païsans qui sont dans les plaisirs du Roi, ne manquent jamais quand ils se
marient de me prier de leurs Nopces: une bonne
femme qui étoit veuve d'un de mes Gardes-chasses
pour qui j'avois bien de l'amitié, qui s'étoit
fait tuer en faisant genereusement sa Charge,
cette veuve m'engagea d'assister au Mariage de
sa fille qui se faisoit en cette Paroisse de saint
Germain en Laye; comme c'étoit le Vicaire qui
devoit faire la Ceremonie du mariage, elle dit à
ce Prêtre qu'elle satiferoit à sa retribution fort
honnêtement, le Prêtre la fit entrer dans la
Sacristie, & lui demanda si elle souhaitoit qu'il
dît une Messe de *Beata*, ou autrement de la
Vierge, ou de sainte Marguerite, & qu'elle
prît garde de ne pas inconsiderément demander
une Messe de la sainte Vierge, à moins qu'elle
ne fut fort assûrée de la chasteté & de l'incor-
ruption de sa fille, faisant entendre à cette bonne
femme, que si mal à propos on disoit une Messe

de la Vierge au lieu de sainte Marguerite, que
cela attireroit tous les malheurs imaginables sur
le Mariage qu'il étoit prêt de celebrer, Monsieur le Vicaire, dit la Païsanne, vous pouvez
hardiment dire une Messe de la Mere de Dieu
au Mariage de ma fille ; le Prêtre s'habilla, &
comme il commançoit l'*Introite*, elle le fut
tirer par sa Chasuble, en lui disant, Monsieur
le Vicaire, je vous prie au nom de Dieu, un
tantet de sainte Marguerite, qui est une expression Païsanne.

Il vint un Marquis, frere d'un Duc & Pair
saluer sa Majesté Britannique, qu'Elle pria de
dîner, le Dragon dit au Roi, ce Marquis est si
abstrait, qu'il ne sçaura pas dans un moment
qu'il a eû l'honneur de manger avec vôtre Majesté ; quand il sort de son Carosse à Paris, son
Cocher le mene où il lui plaît, ne se ressouve-
nant où il avoit resolu d'aller : un jour il le fut
descendre aux Chartreux sans qu'il lui eût commandé de l'y mener, où il demanda le Dom
Prieur, à qui il fit son compliment, je suis
venu, lui dit-t-il, mon R. Pere, pour voir &
visiter vôtre sainte Maison, ayez la bonté que
nous allions faire nos prieres dans vôtre Eglise,
& puis nous irons nous promener dans ce grand
& spatieux Cloître ; le Prieur qui ne connoissoit
ce Marquis que de nom, s'apperçût bien dans
la conversation qu'il parloit comme un homme
bien abstrait & bien dissipé, quand ils eurent
fait le tour du grand Cloître ; le Dom Prieur
lui dit, Monsieur, il faut s'il vous plaît entrer
dans nôtre petit Cloître, vous verrez l'Histoire
& les motifs pressans de la conversion de nôtre
Pere Saint Bruno, il lui conta au long cette
Histoire si connuë de tout le monde, de ce

Q 2

Chanoine compagnon de ce Saint, qui vint faire
un aveu en public qu'il étoit condamné aux
flammes éternelles : comme le recit de l'Histoire
fut fini, le Marquis avec son abstraction ordinaire, dit au Prieur lequel des deux avoit été
damné, ou du Chanoine ou de Saint Bruno leur
Fondateur.

Un jeune Abbé de la Maison de Lorraine,
qui étoit venu voir le Roi de la grande Bretagne
à saint Germain, lui dit, si vôtre Majesté veut,
je vas vous faire un recit comme l'Histoire de ce
Chanoine damné passe pour apocriphe dans l'esprit de beaucoup de gens mal intentionnez contre
cet Ordre, comme étoit Monsieur Prévôt de S.
Germain Conseiller au Parlement, & Chanoine
de l'Eglise de Paris, qui étoit du sentiment que
cette Histoire étoit supposée, ce Conseiller qui
étoit riche de patrimoine, avoit une Maison
Seigneurialle en Brie, qui s'appelle S. Germain,
cette Terre est proche d'une grande & considerable Ferme qui appartient aux RR. PP. Chartreux, Monsieur de S. Germain qui avoit prés
de lui une source, dont l'eau alloit arroser leur
Ferme, qui étoit d'une merveilleuse utilité pour
les Fermiers, Monsieur Prévôt en fit couper le
cours ordinaire, & la fit passer & conduire dans
la Cour de son Château : en même-temps le
Fermier fut trouver les Peres, & leur dit qu'il
falloit abadonner leur Ferme, puisqu'il n'y avoit
plus d'eau pour abreuver le bétail, on tint Chapitre extraordinaire, où il fut resolu que Dom
Prieur & D. Procureur iroient demander justice
à Monsieur le Conseiller sur cette innovation :
Monsieur de S. Germain fut averti du resultat
de l'assemblée de ces Religieux, il fit un voyage
à la campagne, pendant lequel temps il ordonna

à un Peintre de faire un Tableau, où il dépein-
droit un Chartreux qui étoit emporté par des
Diables ; ce Tableau étant fait, il fut mis dans
la Salle où le Conseiller recevoit ses clians, &
ordonna sur tout à son portier & à ses gens,
que lorsque les Chartereux viendroient de les
faire entrer dans la Salle où étoit le Tableau
diabolique : les Peres le lendemain ne manquerent pas d'aller voir Monsieur le Conseiller, ils
furent conduits par un laquais dans la Salle en
attendant le Conseiller, d'abord ils jetterent les
yeux sur ce pauvre Religieux condamné aux
flammes éternelles par arrêt & sur le rapport
de Monsieur Prévôt : d'horribles Démons éxe-
cutoient impitoyablement ce jugement en regi-
stre dans la tête de ce Conseiller, qui arriva
comme ils s'entretenoient sur la chimere mali-
cieuse de ce Tableau : ces bons Religieux lui
firent leur compliment, & lui dirent en peu de
mots les sujets de plainte que leur Communauté
avoit de son procedé, de leur avoir ôté de son
autorité privée un cours d'Eau de temps immemorial qui passoit dans leur Ferme ; ils lui remontrerent, que puisque tous les jours il rendoit
justice à tous les autres, & qu'il en étoit de
profession, il falloit qu'il commençât à se la
rendre à lui-même, sans qu'ils fussent obligez
d'avoir recours à d'autres Juges : il répondit en
deux mots à ces Peres, que ce qu'il avoit fait,
qu'il avoit crû être en droit d'en user de même,
& qu'il pouvoient se pourvoir ainsi qu'ils jugeroient à propos : nous voyons bien, Monsieur,
dirent les Chartreux, que vôtre entreprise n'est
fondée que sur l'aversion que vous avez contre
nôtre Ordre, ce que nous connoissons claire-
ment par le Tableau qui sert de principale déco-

tation dans vôtre Salle ; mais nous vous prions
inftamment de nous dire où vous avez appris
qu'un Religieux de nôtre Ordre ait été vifible-
ment emporté par des horribles Démons, je n'ai
rien à vous dire là-deffus, mes Peres, dit le
Confeiller qui étoit Chanoine ; finon, de dire à
vos Diables de rapporter nôtre Chanoine, &
je ferai enforte d'obtenir des nôtres de reftituer
vôtre Chartreux.

Le Lieutenant des Chaffes du Dragon revenant de Paris, apporta des lettres à fa Majefté
Britannique, & lui demanda quelles nouvelles
il y avoit à Paris, il lui dit qu'en partant il
avoit été obligé de paffer à la Croix du Tiroir,
où il avoit eû toutes les peines poffibles à fe tirer
d'une foule de peuple qui s'étoit affemblé pour
voir décapiter un Gentil-homme ; comme le
concours eft toûjours fort grand quand il y a de
pareils fpectacles, un Meûnier fe mit au milieu
de la place monté fur un grand mulet, pour
voir commodement & avec plaifir couper la tête
à ce malheureux Noble, quatre Filoux n'aban-
donnerent point le Meûnier ni fon mulet, &
voyant ce Badaut attentif à regarder ce qui fe
faifoit fur l'échafaud, un des Filoux fe mit
fous le ventre du mulet pour couper les fangles
qui tenoient le baft ; ils étoient convenus entr'eux qu'ils foûtiendroient tous quatre le baft,
& qu'au moment de la grande application du
Meûnier, qui étoit le temps que le Bourreau
donneroit le coup qui fepareroit la tête d'avec
le corps, on fepareroit auffi le Meûnier d'avec
fon mulet : ces Filoux dans ce moment tirerent
adroitement le Mulet d'entre les jambes du garçon, & laifferent tomber, comme ils étoient
convenus, le baft & le Meûnier par terre ; ce

Païfan fut fi effrayé de cette chûte imprevûë,
qu'il crût qu'il étoit deftiné à faire compagnie
en l'autre monde à celui qu'il regardoit décapiter.

Sa Majefté Britannique étoit une veille des
Rois à S. Germain, comme il témoigna vouloir
s'en retourner l'aprés-dînée, le Dragon l'engagea de demeurer à fouper pour folennifer l'Epiphanie & crier le foir le Roi boit, on apporta
auparavant que de fe mettre à Table un Gâteau,
duquel on diftribua les parts, le Maître de la
maifon fit adroitement donner la Fève au Roi,
comme fi çût été un ouvrage du hazard, & par
ce moyen il paroiffoit que celui qui étoit Roi
de naiffance, le fort s'étoit encore declaré en fa
faveur pour le faire Roi du Gâteau.

Le Roi prenant fa part du Gâteau, & regardant cette Fève, il dit, il faut que la fortune
prenne un grand plaifir à me donner des Royau-
tez imaginaires, ce Bourreau de Cromwel fait
de fon mieux pour ufurper mes trois Royaumes,
qu'il feroit à fon aife, & qu'il dormiroit en
repos, s'il avoit appris que je me vouluffe contenter à demeurer ici le Roi de la Fève.

Le Dragon dit au Roi de la Grande Bretagne,
il ne faut pas que vôtre Majefté fonge en fe
mettant à Table à repaffer dans fon efprit tous
ces chagrins, le vin a la proprieté de les diffi-
per quand on en prend un peu largement, &
que l'on boit, comme l'on dit, à tire-la-rigot :
Tu ne fçais pas Dragon, dit fa Majefté, d'où
vient que l'on fe fert de ce terme fi peu ufité
de tire-la-rigot, c'eft quand on veut exprimer
des gens qui s'abandonnent à une grande cra-
pule, ce mot eft venu en ufage depuis la Bataille
que Clovis I. Roi Chrétien de France rem-

porta fur Alaric Roi des Gots; comme la victoire
fut complete, & que presque tous les Gots furent paffez au fil de l'épée, & qu'Alaric eût la
même deftinée que les moindres Soldats : on
coupa la tête de ce malheureux Roi, & elle
fut mife au bout d'une longue Pique pour être
vûë de toute l'Armée victorieufe , & Clovis
ordonna que très grand nombre de tonneaux de
vin feroient défoncez & abandonnez à la Solda-
tefque : on peut dire que l'yvreffe fut generale
par tout cette joyeufe Armée, faluant la tête de
cét infortuné Alaric qui étoit au bout de cette
Pique, en difant avec de grandes clameurs &
dérifion , à ti , au lieu de dire , à toi , Alaric
Got. O ! que fi nous avions la tête de l'Ufur-
pateur au bout d'une Pique, c'eft en ce tems là
que nous boirions à tire-la-rigot.

Sçavez-vous auffi d'où vient que le jour de
l'Adoration des Rois on crie le Roi boit ? La
raifon eft, que les Mages confiderant ce qu'ils
pourroient remarquer en l'Enfant Jefus, qui fça-
voient qu'il devoit être le Roi des Juifs , jetterent les yeux fur cét Enfant, & le voyant attaché à la mamelle de la fainte Vierge qui tetoit
doucement, les Mages dirent entr'eux, le Roi
boit.

Sa Majefté Britannique demanda à boire, on
fe mit à crier en cét inftant, & les gens qui
étoient à Table & ceux qui y fervoient à plaine
tête, le Roi boit ; fa Majefté leur dit, fi j'a-
vois été auffi long-temps à boire qu'un Enfant
eft à teter, vôtre Roi de la Fêve feroit crevé de
boire, & tous vous autres de crier.

Depuis l'Adoration des Mages, dit le Dragon,
tous les Rois Chrétiens ont celebré cette Fête
avec d'éclatantes marques de joye. Je fçai néan-

moins

moins, dit fa Majefté Britannique, un des premiers Rois d'Ecoffe, nommé Caractacus, qui
n'avoit jamais oüi parler de cette Fête, étant
Monarque plus de trois cens ans auparavant la
naiffance de J. C. pour S. Edoüard, qui étoit le
Bouclier d'Angleterre, je ne doute point qu'il
n'aye eû une veneration particuliere pour l'Epiphanie, & qu'il faifoit gloire de fraternifer & imiter
Baltazard, Melchior & Gafpard, & qu'il n'aie
envié le bonheur de ces Mages, qui avoient eû
les premiers l'avantage de crier le Roi boit, en
voyant fuccer du lait à l'Enfant Jéfus; pour nous
autres bûveurs, nous negligerions de crier le
Roi boit, à moins que de voir avaller du meilleur vin, qui eft le veritable lait des Yvrognes.

Le jour de l'Epiphanie, Monfieur l'Abbé
d'Aubigni Chanoine de l'Eglife de Paris, qui
portoit le nom de Stuard, que le Roi d'Angleterre reconnoiffoit pour fon proche parent,
cet Abbé vint faluer fa Majefté, ayant quelque
chofe d'importance à lui communiquer; il étoit
accompagné d'un Prêtre de la Communauté de
S. Lazare, qui avoit une negligence dans fon
habillement & dans fes manieres, que l'on s'apperçût bien-tôt qu'elles étoient trop affectées;
Il ne portoit qu'une manchette affez falle au
collet de fon Pourpoint, il n'avoit qu'une douzaine de boutons à fa Soutanne de ferge à deux
envers, fon Chapeau étoit auffi grand qu'un cou-
vercle de cuvier à laixive, dont les bords portoient en partie fur fes épaules, & le devant
cachoit fon vifage mortifié: le Duc de Vitri
qui étoit à la Capitainerie qui connoiffoit ce
devot ayant étudié avec lui, & qui étoient de
même âge; dit à fa Majefté Britannique, que
lorfqu'il voyoit l'air compofé de ce prétendu

R

Devot, que cela le faifoit fouvenir de ce qu'il lifoit depuis deux jours dans l'Hiftoire Romaine, qui lui apprenoit qu'un Sculpteur qui fe croyoit fort experimenté dans fon Art, entreprit de faire un ouvrage de Sculpture, qui reffembleroit de telle forte à fa Majefté Imperiale, qu'il ne lui manqueroit que la parole : aprés avoir long-temps travaillé avec beaucoup d'application, & ayant mis la derniere main à fon ouvrage, il l'expofa aux yeux du Public, qui tout d'une voix cria hautement, que l'on ne pouvoit con-noître aucun trait qui eût reffemblance au vifage de l'Empereur, & qu'en même temps on mit une infcription au col de la Statuë avec ces deux mots, *merum mendacium*, c'eft une menterie averée : on pourroit dire la même chofe du faux Devot, en cet habit negligé, ces yeux baiffez & cet air compofé, que c'eft un men-fonge ambulant, & qu'il a deux fort bonnes jambes qui le promenent par tout pour tromper prefque tout le monde, qu'il ne juge d'ordinaire que par les apparences.

L'Abbé d'Aubigni qui étoit fort pieux, & qui avoit fait des vœux de faire rentrer les trois Royaumes, d'Angleterre, d'Ecoffe & d'Irlande fous la puiffance du Souverain Pontife, qui s'é-toient fouftraits de l'obëïffance qu'ils devoient à fa Sainteté depuis Henri VIII. qui avoit joint la Puiffance fpirituelle à la temporelle; l'Abbé Stuard voyant que le grand obftacle qu'il trou-voit à faire rentrer les Anglois dans leur devoir, étoit le feul interêt : & comme les plus puiffan-tes Familles de ces Etats s'étoient emparées des Prelatures & Benefices confiderables, qui fai-foient fubfifter avec éclat leurs Familles, l'on n'auroit ofé leur propofer de fe démettre de leur

subsistance. Cet Abbé avoit trouvé un tempe-
rammment qu'il fit proposer à Rome, que si cette
Cour vouloit mettre l'Eglise Anglicanne sur le
pied de la Grecque, où les Souverains Pontifes
tollérent le Mariage des Evêques & des Prêtres;
cette ouverture fut goûtée dans un Consistoire
secret, où la plus grande partie des Cardinaux
qui étoient à Rome se trouverent, cet expe-
dient fut presque applaudi de tout le Sacré College; mais on avoit besoin des lumieres & du
ministere de l'Abbé Stuard, pour disposer les
Anglois à écouter ces Propositions, qui ne furent pas si rejettées du Parlement que l'on s'é-
toit figuré, parce que les plus éclairez de cette
Nation commençoient à s'appercevoir que l'Im-
pieté & l'Atheïsme avoient presque étoufé l'He-
resie, & que chaque Particulier faisoit une
Eglise, & étoit Brebis & Pasteur. On crût la
conjoncture favorable pour soûmettre Londres
au ordres du Vatican, pourvû que le Pape eût
assez d'indulgences pour allegir le joug, & rendre le Sacerdoce compatible avec le Mariage;
ce que l'Abbé d'Aubigni auroit obtenu du S.
Siege, si la mort prématurée de ce devot Ecclesiastique n'avoit point fait avorter le dessein cha-
ritable qu'il avoit pour sa Patrie. Le Roi Charles goûtoit les raisons de son parent, & s'il avoit
pû en se remettant la Couronne sur la tête, que
Cromwel lui avoit arrachée par un detestable
parricide, & qu'il eût été aidé de l'Abbé Stuard
auquel les Anglois avoient beaucoup de creance,
on auroit obtenu du S. Siege compatibilité du
Mariage avec la Prêtrise, à l'exemple de l'E-
glise Grecque: Ce devot Ecclesiastique disoit
souvent, que quelques personnes qui n'observent
nullement le Vœu de Chasteté dans le Celibat

& dans le Mariage, garderoient exactement la foi Conjugale ; & d'un homme qui étoit indigne du Sacerdoce, on en feroit un fort bon Mari & un digne Prêtre.

Si le Clergé de France eût vû les Anglois leurs voifins foûmis à la Puiffance fpirituelle de Rome, l'Eglife Gallicanne auroit jaloufé le privilege d'Angleterre. Je connois, dit le Dragon, des principaux du Clergé de ce Royaume, que fi le S. Siege tolleroit le Mariage de ces riches Beneficiers, n'ayant que trop de bien pour l'entretien de leur individu, fongeroient volontiers à la confervation de l'Efpece, & en époufant des filles de qualité auroient fait leur fortune. Que de femmes auroient été heureufes, d'être à côté de leurs Sacrez époux, qui feroient exempts pour toûjours d'aller la nuit au Bivoüac, & de monter la Garde à la tranchée ! ces heureux Conjoints ne feroient point réveillez par le bruit tumultueux d'un Boute-felle ; mais feulement par la cloche d'une Cathedrale, qui n'a ordre d'avertir qu'à l'heure de Matines, au lieu qu'une Trompette commande avec empire, & fait impitoyablement fortir du lit nos plus braves Guerriers.

Le Roi de la Grande Bretagne confiderant plufieurs Tableaux qui étoient dans la Salle de la Capitainerie, s'arrêta à en éxaminer un qui étoit fur la cheminée, comme le Dragon avoit une forte inclination à la débauche du vin, & que de profeffion il étoit grand Chaffeur, dans fa Salle il y avoit plufieurs Tableaux de Bacchanalles & de Chaffes, dont les Chiens comme l'on fçait, font les principaux acteurs ; il aimoit fi éperduëment ces animaux, qu'il y avoit fur la cheminée de la Salle où l'on man-

geoit, la figure d'un heureux Chien qui échapa
la colere d'un Gentil-homme qu'il avoit cruel-
lement mordu à la jambe : le Blessé s'en voulant
vanger, en lui jettant en furie une grosse pierre
pour tâcher de l'assommer, au lieu de cela le cail-
lou frappa & tua la Belle-mere du Blessé; dont
il se trouva si heureux, de ce que sa bevûë l'a-
voit defait d'une cruelle harpie, qu'il ne songea
plus à la morsure ni à la vengeance, & au bas
de cette peinture il y avoit trois mots Latins qui
étoient tels, *nec male fit*, cela n'est point arrivé
mal-à-propos : l'heureuse imprudence du Blessé
lui fit porter le grand deüil, d'une riche &
bigearre Belle mere.

Sa Majesté Britannique nous dit, que les Rois
ses Prédecesseurs avoient passionnement aimé la
Chasse & les Chiens, & entr'autres le Roi Jacques, dont la memoire est en si grande veneration parmi les Anglois : ce Prince un jour se
resolut de faire une Chasse de reputation, il
commanda tous les équipages, les principaux &
Grands de la Cour, & toutes les personnes les
mieux montées suivirent ce Monarque ; cette
partie de Chasse faisoit grand bruit, on auroit
crû qu'elle dépeupleroit une Province entiere de
Gibier, & il se trouva que l'on ne prit qu'un
petit Insecte dans cette belle expedition ; il y
eut un Milord tué, & plusieurs blessez par des
chûtes de Chevaux trop pressez, dont il y en
eut plusieurs qui creverent pour faire honneur
aux Ecuyers, les meilleurs Chiens furent évan-
trez par des défenses de Sangliers. Il se jetta un
petit moucheron dans l'œil du Roi qui étoit
toûjours à la queuë des Chiens, qui le déconcerta de telle sorte, qu'il fut obligé d'abandonner la Chasse, & toute la Cour suivit l'é-

xemple du Prince, lequel étant descendu de Cheval, on trouva à propos de lui faire connoître qu'il étoit necessaire qu'il se couchât sur du gazon, & qu'il eut la tête basse pour pouvoir plus facilement tirer cét insecte de son œil : un Milord l'ayant ôté le donna à ce Prince, lequel le considerant, lui dit, faut-t'il petite bestiole que j'aye trois grands Royaumes, dans lesquels tu pourrois te promener & y trouver tes petits besoins ; pourquoi te jetter dans mon œil pour me desesperer ? Cét accident rompit toutes les mesures de cette solennelle Chasse, qui n'aboutit qu'à prendre un chetif Moucheron, au lieu d'une grande quantité de Gibier que l'on se proposoit d'apporter à Londres.

Le Dragon qui avoit plus que personne la passion de la Chasse, prit la balle au bond, & dit au Roy de la Grande Bretagne, vôtre Majesté nous a fait connoître qu'Elle donnoit son approbation aux penchans & aux inclinations du Roi Jacques qui étoit un grand Chasseur ; si vôtre Majesté veut monter à Cheval, nous rapporterons quelque piece de Gibier plus considerable que le Moucheron du Roi Jacques, sa Majesté accepta le parti, l'on fut Chasser vers Nanterre, le Dragon fit remarquer au Roi dans un Village un grand Portail avec des Armes audessus, où il y avoit trois Pilules : je dirai tantôt à vôtre Majesté l'origine de ces Armes, ce qu'il ne manqua de faire au retour de la Chasse : il raconta comme l'Echevinage de Paris annoblit les personnes qui ont fait cette fonction, moyennant que ceux qui ont été Echevins quittent le commerce, & tous arts Mecaniques pour vivre Noblement. Celui dont nous allons parler, étoit un fameux Apoticaire nommé Desbordes, qui

regardoit Monfieur le premier Medecin comme
fon Protecteur : il lui demanda avis s'il lui con-
feilloit de quitter fa Boutique d'Apoticaire à la
fin de fon Echevinage pour vivre Noblement, il
lui dit, fermez vôtre Boutique, vous y avez
acquis du bien, joüiſſez de l'honneur que vous
donne la qualité d'Echevin; le fieur Deſbordes
fe le tint pour dit, il ne fongea plus qu'à prendre des Armes pour les timbrer : comme il demanda à Monfieur Dozier Genealogifte quelles
Armes il pourroit prendre, il lui conſeilla d'a-
voir des Armes conformes à la Profeſſion qu'il
venoit de quitter; que les Pilules étoient hono-
rables dans le Blazon, & que même les Grands
Ducs de Toſcane du nom de Medicis en portoient dans leurs Armes; il fit donc arborer
ces Armes fur la porte de fa Maiſon de campagne qu'il avoit proche de Paris, il portoit
de Gueulle à trois Pilules d'argent. Des gens
envieux de cette nouvelle Nobleſſe, comme il
s'appelloit Deſbordes, & qu'il avoit été Apoticaire, on mit un écriteau autour des Armes qui
s'expliquoit ainſi, à forces de Pilules, le cul
Déborde.

Je pris congé de fa Majeſté Britannique qui
s'en alloit à Paris, il me demanda ſi je n'y
allois pas auſſi, je lui dis que je m'étois engagé
d'aller à Rochefort voir Monfieur le Prince de
Guimené : fa Majeſté me dit, je connois Monfieur le Grand Veneur, il a beaucoup de vivacité d'eſprit; je vous prie de l'aſſurer de mon
eſtime, & de lui dire que je fuis perſuadé en
fa faveur, qu'il aime mieux les Auteurs & les
Livres que tous les Chiens courans du Royaume.

Je fus coucher à Rochefort, je dis à Monfieur le Prince de Guimené en quels termes fa

Majesté Britannique avoit parlé de lui, il me
marqua sa reconnoissance, & que peut-être on
la croiroit ensevelie dans un éternel oubli, si
lui-même de bouche ne faisoit des protestations
solennelles de l'attachement qu'il aura toute sa
vie pour le service d'un Monarque, qui Regne
même plus dans les cœurs des Peuples qui ne
sont pas nez ses Sujets, que dans ceux des Anglois les plus zélez pour leur legitime Roi, &
l'on ne peut aimer ce Prince sans concevoir une
aversion effroyable contre cette perfide Nation :
les anciens Romains disoient qu'en general tous
les Insulaires ne valoient rien, & que les plus
méchans de tous c'étoit les Siciliens ; mais depuis
ce temps-là les Anglois ont remporté le prix de
cruauté sur ce rebut d'Italie ; si le peuple d'Angleterre étoit dans le pouvoir de rendre leur
Royaume électif, ils mettroient immanquable-
ment la Couronne des Stuards sur la tête de
celui qui se seroit signalé en cruauté, sur les
Gibets & Echafauds de Tiburne.

Le lendemain de mon arrivée à Rochefort,
qui est un Château à 9. lieuës de Paris, comme
nous étions prêt de nous mettre à table, on vint
avertir Monsieur le Prince de Guimené, que
Monsieur Charton Président aux Requêtes du
Palais, venoit d'arriver pour lui faire voir des
Provisions qu'il avoit obtenuës de son Altesse
Royalle, de la Charge de Capitaine des Chasses
du Duché d'Orleans ; il entra, & s'approcha de
la table où étoit le couvert, fit son compliment
au Prince qui le pria de dîner, nonobstant la
repugnance qu'il avoit de faire manger aucun
étranger à sa table, à cause de la maniere qu'il
croyoit risible de porter les viandes à sa bouche :
il ne pouvoit rien mâcher qu'auparavant il n'en
eût

eût frotté fa tête, fon chapeau & fon nez : ce
Prince fe trouva neanmoins indifpenfablement
engagé de prier même avec inftance ce Prefident
de dîner avec lui : Ils ne pûrent pendant le repas
s'empêcher de rire l'un de l'autre, le Prefident
confiderant avec attention ce que deviendroit
une cuëillerée de potage que le Prince prome-
noit autour de fon chapeau, étouffoit d'envie de
rire, le Prince qui n'affectoit point de cacher
fon jeu, rioit ouvertement ; difant au Prefident,
fi mes Officiers de cuifine avoient lardé auffi
drû de bon lard nôtre rôti, que vous entrelaffez
vôtre difcours de je dis cela, nous ferions meil-
leure chere que nous ne ferons : tout le Palais
fçavoit que lorfque ce Prefident prononçoit, il
difoit la Cour, je dis cela, a ordonné, & tout
le refte de la prononciation étoit entrecoupée de
je dis cela : le Prince & le Prefident s'ennuye-
rent de fe moçquer l'un de l'autre, le Prince
dit, laiffez paffer mes proceffions autour de mon
chapeau fans les infulter, & vous pourrez dire
tant qu'il vous plaira, je dis cela, que je vous
promets que je n'y donnerai aucune attention.
Quand ils furent fortis de table, le Prefident dit
au Prince, je vous prie de trouver bon que nous
raillions l'un de l'autre de nos vilaines habitudes, le Prince accepta le parti, fe connoiffant
beaucoup plus fort en reparties que le Prefident,
qui dit au Prince, voila une ridicule manie de
porter tout à vôtre tête, pour le mettre au nez
& fur vôtre langue ; mais fi vous aviez quelque
ordure à la main, en feriez vous de même ?
Non, dit le Prince, je furmonterois mon penchant pour fermer vôtre bouche de cette vilainie,
pour n'avoir plus l'oreille fatiguée de vôtre
impertinent, je dis cela.

S

Pendant le dîner, Monsieur le Grand Véneur avoit commandé à son Secretaire d'expedier l'attache du Président, pour la Charge de Capitaine des Chasses du Duché d'Orleans : en signant l'expedition, Monsieur le Prince dit au Président, quand vous direz en chassant à la queuë des chiens, je dis cela, le bruit des cors, de la meute, des Véneurs & des limiers, étoûfera ces mots dit à contre-temps ; mais quand vous entrecoupez vos Sentences de je dis cela dans vos Audiences, les gens du Palais & les parties, font des éclats de rire qu'ils voudroient bien pouvoir reprimer.

Comme le Président montoit en Carosse pour s'en retourner, il arriva en même-temps un Archidiacre de la Cathedrale de Chartres, qui est fort proche de Rochefort, tout le monde sçait que cette Eglise passe pour la plus ancienne du monde ; puisqu'il demeure pour constant, qu'auparavant les couches de la Vierge & la naissance du Fils de Dieu, il y avoit une Inscription sur le frontispice de ce Bazilique avec ces mots, *Virgini paritura*, à une Vierge qui doit enfanter. La Ville de Chartres prend son nom des peuples Carnutes, qui ont été dans une telle consideration pour leur valeur & leur generosité, que Jules César publioit hautement, qu'ils n'obéïssoient point à César, mais à ses armes & à ses forces : depuis ils ont été alliez des Romains, cette Ville a eû des Rois particuliers ; le Prince dit à l'Archidiacre, tout est venerable dans vôtre Eglise à cause de son ancienneté : il y a déja aussi long-temps qu'une sainte coûtume est introduite en France, que les Rois incontinent aprés leur Mariage, vont en devotion à N. D. de Chartres pour demander à

Dieu par l'interceffion de la Vierge, une heu-
reufe lignée. La Reine Mère qui étoit fort pieufe,
& qui avoit un refpect tout particulier pour les
Reliques, fe perfuadant que dans le tréfor de
vôtre Cathedrale il y avoit une chemife de
la fainte Vierge : le Comte de Nogent dit
aux Chanoines, que quoi-que cette chemife
eût bien gagné fon blanchiflage, que la Reine
qui étoit la plus propre Princeffe du monde,
avoit une devote curiofité de voir du linge
apparemment bien fale. On rapporte que
vos Chanoines, fur la demande & l'inftance
que fa Majefté en faifoit, tinrent le lendemain Chapitre extraordinaire, pour fçavoir
quelle réponfe on feroit à la Reine, puifque
l'on étoit dans l'impoffibilité de montrer une
Relique imaginaire : Un ou deux de vos jeunes
Chanoines peu fcrupuleux, à ce que l'on raporte,
furent d'avis de fuppofer une chemife ; mais tous
les autres infulterent ces Impies, & le Corps
de vôtre Chapitre fut d'avis de ne point tromper fa Majefté par une fuppofition ; mais auffi
ne la point détromper fur l'opinion qu'elle avoit
conçue de l'éxiftence de cette Relique.

Le Chapitre fut donc d'avis de dire à fa Majefté, quayant vû fur leurs Regiftres le temps
que l'on avoit déployé ce linge précieux pour le
faire voir à des Princeffes, que cette curiofité
avoit coûté la vie à celles qui avoient infifté à
vouloir abfolument voir cette fainte Relique :
vôtre Doyen avec quelques autres Dignitez de
cette Eglife furent députez vers la Reine, pour
lui dire qu'ils voyoient par leurs Regiftres, que
toutes les Princeffes qui avoient eû la même
curiofité, étoient mortes fix mois après du jour
qu'elles avoient vû cette fainte chemife ; &

qu'ils ne manquaffent pas de dire à la Reine, qu'ils
fupplioient très-humblement fa Majefté de fe
contenter de faire des prieres devant la fainte
Vierge, & de n'entrer point dans la familiarité
de lui demander à voir fa Chemife : que cette
curiofité coûteroit trop à la France, fi c'étoit
aux dépens de la vie de la plus grande Princeffe
du monde.

L'Archidiacre dit au Prince, Monfeigneur,
dans de pareilles conjonctures de pauvres Chanoines font fort embaraffez : il eft vrai que dans
le monde, on rapporte la chofe comme vous
nous faites la grace de nous la dire : Je ne fçai
ce qui fe paffa dans le Chapitre en ce temps-là,
n'étant point encore du Corps : mais fi j'y avois
été, & que mon avis eût été fuivi, j'aurois
dit, que c'eft par tradition que l'on croit une
chemife de la fainte Vierge être dans une Chaffe
qui n'a jamais été ouverte, & qu'il faudroit
mettre en pieces pour voir la Relique.

Le Prince dit à l'Archidiacre, fi j'avois eû
voix déliberative dans vôtre Chapitre, & que
mon fuffrage eût été écouté pendant le voyage
que la Cour fit à Chartres, j'aurois été d'avis,
puifque l'on croyoit être dans une obligation
indifpenfable, pour la confervation de l'honneur
de vôtre Cathedrale, de maintenir toûjours les
Peuples dans l'opinion de l'exiftence autrefois
de la Relique, & que fi le linge ne fe trouvoit
plus dans le Tréfor, qu'avec tradition immemo-
rialle, qui juftifioit que du moment que la
fainte Vierge avoit quitté la Terre pour aller
prendre fa place au Ciel, que cette Relique
avoit miraculeufement difparû, & que l'on
pouvoit croire probablement que la fainte Vierge
fe feroit voulu fervir de celle-là, qui étoit

peut-être la seule qui avoit été encore en veneration parmi les Peuples , pour la porter au
Ciel le jour de sa Glorieuse Assomption.

Voilà ce me semble , dit le Prince , ce qui se
pouvoit dire de plus specieux à la Reine, pour
l'obliger à ne plus insister à demander la representation de la Relique , qui peut être dans le
Trésor par un miracle , sans être visible &
palpable ; au lieu que cette sainte Chemise devoit
par sa representation guarir les malades ; on a
voulu faire croire qu'elle avoit fait mourir des
Princesses qui avoient eû trop de curiosité.

Je vous avoüe , Monseigneur , dit l'Archidiacre au Prince , que vous me donnez des lumieres , que si nôtre Chapitre en ce temps-là
en avoit eû autant , l'on seroit sorti plus honnêtement de l'impossibilité où l'on se trouvoit de
representer la Relique ; il ne falloit que dire
en deux mots à sa Majesté , que depuis que la
sainte Vierge étoit montée au Ciel par un miracle perpetuel , elle avoit rendu dans le Trésor
sa Chemise invisible , & non pas palpable.

L'Archidiacre parla en particulier au Prince
de quelques affaires que le Chapitre avoit avec
lui ; on ne parla point de faire rester ce Prêtre,
ni à souper ni à coucher , parce que ce Prince
n'admettoit que le moins qu'il lui étoit possible
des étrangers à sa Table ; son Maître d'Hôtel
obligea cét Archidiacre de descendre à l'Office,
où il y avoit une grande Collation de fruit avec
quelques pâtez de venaison , & sur tout un grand
bassin de cerneaux : le Prince en passant proche
de l'Office les remarqua , & me dit que lorsque
cét Ecclesiastique seroit parti , qu'il me diroit
ce qu'un Italien lui avoit dit comme l'on pouvoit manger ce fruit. Le Prêtre ne fut pas plû-

tôt parti, que le Prince me demanda si étant à
Rome, comme il fçavoit que j'y avois été, si
je n'avois pas vû l'Eglife della Madonna del
Popolo : & il me dit qu'y étant, il y avoit
un vieil Italien qui lui faifoit voir toutes les
curiofitez & antiquitez de la Ville, qu'il le
mena à cette Eglife, & qu'il lui fit remarquer
un bas relief qui eft fur le Frontifpice, où les
motifs & les fujets que les Souverains Pontifes
ont eû de bâtir une Eglife en ce lieu, lui furent
expliquez par cét Italien ; qui lui dit, qu'un
Pape ayant eû une revelation, qu'à la place où
eft à prefent bâtie la Madonna, il y avoit trois
ou quatre vieux Noyers qui fervoient de retraite
à des Diables qui defefperoient les paffans ; ce
faint Pape infpiré de Dieu, alla en Proceffion
accompagné de tout le Clergé, faire abattre ces
arbres à ces Démons, & tracer en même-temps
les fondemens de cette Eglife : Il dit à fon conducteur, il n'y a donc pas grand plaifir de manger des noix de ces Noyers ? Il lui repartit, que
le petit peuple de Rome y donnoit bon ordre,
& qu'il n'en attendoit pas la parfaite maturité,
& que l'on les mangeoit en cerneaux avec de
l'eau benîte qui chaffe les Diables, qui eft le
veritable affaifonnement des cerneaux.

Comme on fait le voyage d'Italie d'ordinaire,
dit ce Prince, dans l'âge où l'on peut librement
goûter les plaifirs, je vous avoüe que le fouvenir me fait oublier mes chagrins prefens, je
ferois bien-aife que vous me contaffiez vos
avantures, comme je prétens vous en rapporter
quelques-unes des miennes. Je pris la parole, &
dis à ce Prince, qu'au fortir du College mes
parens m'avoient envoyé à Rome, & qu'en
paffant par Florence je trouvai dans une grande

Hôtellerie proche du Palais du Grand-Duc ;
beaucoup de Seigneurs Polonois & Allemands,
qui étoient dans le même deſſein que moi de
voir éxactement l'Italie, comme nous étions
preſque de même condition & d'âge, & que
nous avions même vûë, je me liai d'amitié avec
eux : Nous réſolûmes enſemble, qu'auparavant
d'aller à Rome, nous irions à nôtre N. D. de
Lorette, nôtre Hôte nous indiqua un Procache
ou Loüeur de chevaux, avec lequel nous fiſmes
marché de nous conduire à Lorette, pour nous
nourrir, nous & nos chevaux ſur la routte,
moyennant un certain prix dont nous étions convenus enſemble : ces Procaches ont des Hôtelle-
ries attitrées, toute nôtre compagnie étant arrivée à une Hôtellerie nommée la Scala, à deux
mille de Lortette, & voyant que nous avions
encore aſſez de Soleil pour nous y rendre avant
la nuit, nous concertâmes de n'en pas croire
nôtre Procache, un François qui étoit de nôtre
compagnie gagna le devant, & paſſoit la Scala;
le Procache ſe ſaiſit de la bride du Cheval pour
l'arrêter, nôtre François emporté de colere mit
l'épée à la main, & le frappa du trenchant ſur
la forme de ſon chapeau, où il fit une grande
taillade ; nôtre homme enragé du mauvais trai-
tement qu'il avoit reçû, & encore plus de l'eſta-
filade de ſon chapeau, juroit pendant tout le
chemin qu'il poignarderoit celui qui lui avoit
fait cette inſulte ; comme cette querelle étoit
entrepriſe pour tous les voyageurs, la compagnie
s'engagea de lui acheter un chapeau neuf, &
de lui donner encore de l'argent pour avoir ſes
bonnes graces, ce que les Italiens appellent pour
la Manche, moyennant quoi nous fiſmes la
paix du François avec le Procache. Le lende-

main le Comte de Transmandorf Allemand, qui
fut plus dévotieux & plus diligent que nous autres, fut entendre la Messe du point du jour à
N. D. où il trouva nôtre Voiturier qui faisoit
mettre son Chapeau vieux & coupé devant l'i-
mage de la sainte Vierge, avec cette Inscription
en méchant Italien : *Quello el Capello d'un ju-
venello Florentino, qui a escampato la furore
Franchexe* : Voici le Chapeau d'un jeune homme Florentin Voiturier, qui par la grace du
Seigneur, s'est échapé de la rage & de la fureur
d'un François, & dessus étoit écrit en grosses
lettres, *ex Voto*.

   Mon conducteur, dit le Prince, ne s'amusoit
pas à me faire voir des Obelisques, des Arcs
triomphaux, & des antiquitez qui sont à Campo
Vachine, parce que cela est en évidence à toutes
sortes d'Etrangers ; mais pour de l'argent il me
faisoit voir des curiositez qui étoient inconnuës
aux Cardinaux & principaux Seigneurs de Rome.
Il me mena chez un Prince Romain, qui me fit
voir une Tapisserie antique, qui étoit la mieux
dessinée & la plus agreable du monde ; apparemment, que ce Prince qui avoit eû un Pape
de son nom, comme il en étoit heritier, s'étoit
saisi pendant le vivant de son oncle de ce Meu-
ble important : les Papes qui avoient succedé à
ce Pontife, avoient fait de grandes perquisitions
pour sçavoir ce qu'étoit devenu cette Tapisserie
de reputation ; c'est pourquoi on ne la montroit
qu'avec de grandes précautions. Le sujet de
l'Histoire étoit la solennité des Noces de Neron,
quand il poussa sa brutalité si loin en épousant
ce beau garçon, & son mignon Sporva : ce
n'est pas d'aujourd'hui que la flatterie est fort
commune dans les Cours des Monarques, & que
                                              les

les Courtifans font paffer des crimes énormes
pour actions vertueufes & memorables : toute la
Cour de Neron fut en joye & en des divertiffe-
mens apparens, le jour des Noces de cét Empereur avec ce beau garçon, tous les Grands Seigneurs qui affiftoient à cette Fête, font mer-
veilleufement bien dépeints dans cette ancienne
Haute-liffe, chaque perfonnage a fon écriteau,
ce qui étoit en ufage autrefois : On y voyoit
fur un Trône fort élevé, les deux Conjoints
tout brillans de Pierreries d'un prix ineftimable,
qui recevoient tous les hommages de tous les
Corps de l'Empire Romain : On void par une
infcription deux Ambaffadeurs des Sodomites,
qui viennent feliciter l'Empereur de fon choix ;
beaucoup de gens qui marquent être fort ferieux
en rendent leurs hommages, & puis quand ils
avoient le dos tourné au Trône, on s'apperce-
voit qu'ils crevoient de rire de ces burlefques &
brutales Noces. Il y avoit un jeune homme fort
bien fait, qui avoit un fein de Nourrice tout découvert, & au bas étoit écrit, point de femme
en cette Cour, s'il y a un enfant je fervirai de
Nourrice au fils de l'Empereur : Il y avoit un
autre perfonnage à grande barbe avec des bras
retrouffez, tenant un poëlon à la main pour
faire de la boüillie, fon écriteau portoit, point
de Sage femme ici, je ferai Sage-homme. Il y
avoit un venerable vieillard qui fe diftinguoit
aifément de tous les autres ; fon infcription
étoit, s'il eût plû aux Dieux, que fon Pere
eût pris une pareille moitié, nous ne ferions
pas dans la tyrannie où nous fommes. Un autre
perfonnage en habit de Senateur Romain, fon
écriteau difoit, tout nôtre malheur eft venu,
de ce que fon Pere n'a pas fait comme lui : il

avoit époufé une femme qui avoit un défaut pour nous, d'avoir été trop fertille.

Le Prince m'affura, que fi cette agreable Tapifferie avoit été à vendre, dont même le fouvenir lui faifoit plaifir, qu'il en auroit donné une fomme fort confidérable ; faites-moi part de vôtre arrivée en cette Capitale du monde, & de vôtre premiere avanture.

Vous fçaurez, lui dis-je, Monfeigneur, que le lendemain que nous fûmes arrivez à Rome, je détachai de nôtre nombreufe Compagnie deux Seigneurs Allemands, avec lefquels j'allai voir la magnifique Eglife de S. Pierre ; & allant fous ce Dome qui menace le Ciel, nous apperçûmes beaucoup de gens qui montoient avec des machines au fommet de ce fuperbe Edifice, pour trouver les moyens de remedier à une crevaffe qui s'y étoit faite, dont l'on fit Procez verbal au Pape de l'état des chofes, & des remedes que les Architectes croyoient que l'on pourroit apporter à ce mal : ces Experts jugeoient à propos de mettre un bandage de fer à ce gros Dome, le rapport en fut fait à fa Sainteté ; qui dit, que s'il falloit de toute neceffité mettre du temps de fon Pontificat un Brayer au Prince des Apôtres, qu'il ne pouvoit pas foûfrir que ce fut par ordre des Architectes ; mais que ce devoit être fur les ordonnances, des plus fçavans & des plus fameux Medecins de tout le monde.

Vous parlez, dit le Prince, du temps du Pontificat d'Alexandre VII. du nom de Chifi, dont nous avons vû ici depuis peu le Cardinal de ce nom fon Neveu, faire les fonctions de Legat à Latterè. L'on me racontoit ces jours paffez, qu'une Ducheffe à Paris, ayant la curiofité de voir un recit fort peu circonftancié de ce qui

s'étoit paffé au Conclave, pour l'élévation du
Cardinal Chifi au fuprême Pontificat ; tout ce
difcours concluoit, que c'étoit le prix de fon
adreffe d'avoir emporté la Thiarre. Cette Dame
qui avoit vû plufieurs fois courit la Bague dans
des Carroufels & dans l'Academie de Bernardi,
& voyant que l'on ajugeoit le prix à celui qui
avoit eû plus d'adreffe ; cette Ducheffe étant
vifitée à Fontainebleau par Monfieur le Legat,
elle lui dit ; Monfeigneur, j'avoüe à vôtre
Eminence, que j'aurois fouhaité paffionnement
d'être à Rome , quand fa Sainteté courut la
Bague , & qu'Elle remporta la Thiarre pour le
prix de fon adreffe.

Le Comte de Nogent qui fçût l'imagination
de cette Dame, qui croyoit que la Papauté étoit
donnée à celui qui remportoit la Bague par fon
adreffe : dit, il faut que je dife au Roi, qu'il
confeille à Monfieur le Legat aprés fa Legation,
de prendre chez lui Bernardi pour fix mois, &
faire venir pendant ce temps-là une douzaine
d'Academiftes pour courir tous les jours ; fon
Eminence ne fçauroit trop s'appliquer à cette
éxercice, fi c'eft par cét endroit qu'Alexandre
fon Onele eft parvenu au fuprême Pontificat.

Il faut avoüer, dit le Prince, qu'il y a bien
des Dames du caractere de cette Ducheffe, qui
ne fçavent patler que d'habits, d'étoffes & de
modes ; fortez de ces matieres, elles trouvent les
Converfations incipides. Il y en a d'autres à la
Cour de France, qui furpaffent en penetration
d'efprit toutes les femmes des autres Royaumes ;
la grande liberté du tête à tête avec les hommes
les plus éclairez qui efcriment les Romans , &
qui frequentent les plus fines ruelles, éguifent
les efprits de nos Dames : je ne voudrois pas

leur interdire la Conversation honnête avec les gens de la premiere qualité ; mais je ne puis soûfrir que nos Dames faſſent un Valet dépoſitaire de leurs ſecrets : je remarque que depuis que l'uſage s'eſt introduit, que les Dames ſe ſervent de valets de Chambre, je ne ſçai par quel malheur nos enfans ne nous reſſemblent que fort rarement.

Je dis au Prince, vous nous avez entretenu ſi agreablement de cette Tapiſſerie des Noces de Neron, que cela me fait reſſouvenir de quelques Portraits que l'on me fit voir à Rome, dans le Cabinet d'un trés-riche & magnifique Cardinal ; cette Eminence vouloit par la reſſemblance, tirer des inductions pour la verité de l'Hiſtoire, il y avoit quatre Portraits faits du plus fin pinceau d'Italie : Le premier étoit de Philippes Roi de Macedoine, le ſecond d'Alexandre le Grand ; les deux autres étoient, l'un de Nectabenus Roi d'Egipte, & l'autre d'Olimpias Mere d'Alexandre. Ceux qui ſe ſont attachez à éxaminer l'Hiſtoire d'Alexandre le Grand, ne peuvent ignorer que Philippes de Macedoine ne ſe pouvoit perſuader qu'Alexandre le Grand fut ſon fils ; il vouloit ſe faire ce chagrin, de croire que ce Conquerant futur de tout le Monde, étoit fils de Nectabenus Roi d'Egipte, qui pendant ſon ſéjour à la Cour de Macedoine, avoit trouvé aſſez de facilité dans l'eſprit d'Olimpias Mere d'Alexandre, pour lui donner entrée dans ſon lit : Attalus oncle d'Alexandre appuyoit les ſentimens de Philippes ; qui lui dit dans un Feſtin, qu'il ne pouvoit le reconnoître pour ſon Neveu : & lorſque Philippes eût repudié Olimpias pour épouſer Cleopatre, Attalus & Alexandre ſe battirent, ſur ce que cét Oncle ſou-

haïtoit au Roi de Macedoine un legitime heri-
ritier : tu me crois donc un bâtard, dit Alexandre ; ce qui obligea Philippes de mettre l'é-
pée à la main, & voulant courir après Alexandre, il tomba lourdement. Ce curieux Cardinal
avoit fait peindre Alexandre sur des Médailles
antiques fort fidelles, & comme sur le mé-
tail l'on ne peut representer la couleur des che-
veux & des yeux, cette Eminence ayant vû dans
l'Histoire que ce Conquerant avoit le nez aqui-
lin, étoit blanc, les joües rouges, & les yeux
de differentess couleurs, le droit étoit noir, &
le gauche bleu : sur le rapport de l'Histoire &
de la Médaille, un excellent Peintre fit un
Portrait achevé du plus Grand des Heros ; il
travailla aussi avec pareil succez aux trois autres,
sur des Médailles de Philippes, de Nectabenus
& d'Olimpias. Ce Peintre faisoit bien connoître
qu'Alexandre étoit fils de sa Mere, & ne ressem-
bloit aucunement au Roi de Macedoine ; mais
beaucoup à Nectabenus : vous voyez ce que
cette Eminence pouvoit juger du soupçon de
Philippes.

Personne n'ignore que le déreglement, &
même la prostitution des Meres, n'empêchent
pas que les Enfans nez pendant le Mariage sont
réputez appartenir au Pere, & même sont en
droit d'en porter le nom. Falloit-t-il que la
rage & la jalousie de Philippes, le fit tellement écarter du bon sens, que de se vouloir
priver d'un honneur, dont les Loix ne nous
permettent pas de nous déporter ; Philippes
veut preferer la qualité de Cocu, à la Gloire
d'être crû le Pere du premier Conquerant de
l'Univers.

J'ai remarqué par le recit que vous m'avez

fait, me dit le Prince, que vous aviez lié amitié avec des Seigneurs Allemands; & moi je vous dirai que j'ai cela de commun avec vous, qu'étant à Rome, j'étois tous les jours en parties de plaifir & de divertiffement avec deux fils d'Electeurs, l'un du Prince Palatin, l'autre du Marquis de Brandebourg. Le premier jour que ce jeune Marquis me vid, il me voulut diftinguer, en me faifant confidence d'une lettre que l'Electeur fon pere lui écrivoit, qui lui mandoit qu'il recherchoit tous les moyens poffibles pour fe concilier l'amitié du Roi T. C. que fans qu'il envoyoit un Gentil-homme en France pour prefenter une douzaine d'Oifeaux de leure à fa Majefté T. C. qui aime fort la Fauconnerie : que ce Gentil-homme qui étoit une perfonne de diftinction, feroit demeuré avec lui pour l'accompagner par tout. Il y a bien des Siecles que la Maifon de Brandebourg a trouvé le moyen de fe mettre bien dans l'efprit des Monarques par des prefens d'Oifeaux. La grandeur de cette Maifon a commencé du temps d'Henri Empereur, furnommé l'Oifeleur, en l'an 927. qui rendit les Marquis ou Gouverneurs de Brandebourg hereditaires : ces Princes d'aujourd'hui font defcendus de Frederic, de l'Empereur Rodolphe leur oncle, & de Curgrave de Nuremberg, celui-ci fut déclaré Electeur en 1411. au Concile de Conftance, pour le récompenfer des fervices qu'il avoit rendus aux Guerres de Hongrie & de Bohëme : & Frederic V. dit aux dents de Fer, obtint la Pomeranie de l'Empereur Frederic III. Ce fut cét Henri Empereur furnommé l'Oifeleur, qui donna l'effort, & fit prendre le grand vol à cette grande Famille de Brandebourg.

Je n'avois fait , dit le Prince , une fi étroite
amitié avec le fils de l'Electeur Palatin : Les
Princes de cette Maison font forts fujets à ne
pas réüffir dans leurs entreprifes; car cét Electeur ne fut Roi que pendant un Hyver ; ce qui
fit que l'on l'appelloit le Roi de Neige , parce,
que la feule Bataille de Prague lui fit perdre
toute la Bohême & la Silefie. Frideric pour
avoir voulu conquefter la Couronne de Bohême,
l'Empereur l'avoit même privé de fes Seigneu-
ries propres ; de forte , que pour avoir eû l'ambition d'être Roi , il ceffa d'être Electeur.

Comme le Prince étoit grand Veneur de France , la meute des grands Chiens du Roi étoit le
plus fouvent à Rochefort : Monfieur Sevin
Seigneur de Baudeville, qui étoit dans ce voifinage , étant informé que l'on devoit aller
chaffer un Cerf dans la Forêt de Dourdan , qui
n'eft qu'à une lieuë & demie de Rochefort, vint
faluer ce Prince avec un Jufte-au-corps magnifique , en broderie d'or & d'argent , & un bou-
quet de plûmes fur fon chapeau ; ce Prince qui
l'avoit vû il n'y avoit pas plus de 15. jours à
Paris en robbe de Palais & de Magiftrat , étant
Maître des Requêtes : le Prince furpris de ce
changement , lui demanda fi dans le Confeil
du Roi on rapportoit des Requêtes avec des
Habits chamarez d'or & d'argent , le fieur de
Baudeville lui repartit , qu'il avoit jetté le froc
aux orties , vendu la Charge de Maître des
Requêtes , pris l'épée au lieu de fa robbe , &
acheté une Charge dans la Venerie. Le Prince
lui dit , que la Charge de Veneur fe faifoit fans
être obligé de confulter le Code & le Digefte,
qu'il y avoit plus de facilité à faire une Charge
de cette profeffion que dans les Confeils du Roi,

qu'un Rapport qu'un Cerf est lancé par un Veneur, est bien plûtôt fait dans une assemblée de
Chasseurs, que celui d'un grand Procez dans le
Conseil de la Majesté : il ne vous faudra plus
de Secretaire pour vous faire vos Extraits, ni
broüiller du papier pour vos Rapports, les
défauts faits par les Chiens sont plus sommaire-
ment jugez que ceux qu'il faut obtenir contre les
Procureurs : Je ne prétens point décrier la profession, puisque ma Charge me met à la tête de
tous les Chasseurs ; mais je vous dirai de bonne
foi, que le dernier des Maîtres des Requêtes
est plus utile à ses amis, que le premier des
Veneurs.

Le Prince finissoit ce discours, lorsque le fils
du sieur de Baudeville arriva pour être de la
partie de la Chasse, il étoit d'âge à être Conseiller de la Cour : il fit la reverence à Monsieur
le Grand Veneur, qui dit au pere, nous ver-
rons bien tôt vôtre aîné apparemment assis sur
les Fleurs de lis : je ne me suis point encore
déterminé, dit le pere, l'on m'offre de lui
donner en Mariage une riche heritiere de Bretagne ; croyez-moi, repartit le Prince, il faut
Sceller vôtre fils auparavant que de le Brider.

Ce Prince appelloit brider un jeune homme
que de le marier ; & le Sceller ; c'étoit obtenir
des Lettres ou Provisions de Conseiller du Parlement au Sceau.

J'étois ce me semble, dit le Prince, sur le
recit que je faisois de la liaison d'amitié que
j'avois faite à Rome avec les fils des Electeurs
Palatin & de Brandebourg, quand les sieurs de
Baudeville me sont venus interrompre. Je de-
mandois à ces jeunes Princes Protestans, d'où
venoit que l'on disoit que l'Electeur de Saxe
                              n'envoyoit

n'envoyoit point aussi ses Enfans voir la Capitale du monde ; ils me dirent, que son Altesse Electorale de Saxe étoit persuadée de l'adversion que le S. Siege avoit particulierement contre les Princes de sa Maison, puisqu'il est constant que ce sont eux qui ont donné une entiere protection à Luther, qui sous cet autorité s'est soustrait de la puissance de l'Eglise Romaine. La Saxe a été autrefois sous la domination des François pendant les Regnes de Dagobert I. Charles Martel, Pepin & Charlemagne, lequel les reduisit à la foi Ottodoxe, il fut même Patrin de leur Duc Vuichin. Depuis 814. jusqu'à 1517 la Saxe se conserva dans la pureté de la Religion Catholique : ce fut ce fameux Heretique Luther, qui vomit le poison dans son païs de Lisbé Ville de Saxe : il étoit Religieux de l'Ordre de saint Augustin ; Le motif de son Apostasie, comme l'on sçait, vint de ce que Leon X. avoit commis la promulgation des Indulgences de la Croisade aux Jacobins, par l'entremise de l'Archevêque de Mayence ; dont il se trouva tellement outré, & du prétendu passe-droit que le Pape avoit fait à leur Ordre, qu'il se déclara Heretique, & se trouva soûtenu de Frederic Duc de Saxe. Il commença à cracher son poison contre les Indulgences, & continua de semer sa pernicieuse Doctrine par toute l'Europe : Cet Imposteur ne pouvoit pas prévoir que son venin pût corrompre tant de Peuples, ne croyant que simplement crocheter les Troncs des Jacobins, il pensa renverser toute la Hierarchie de l'Eglise.

Il y a deux jours, dit le Prince, que je n'ai parlé des routes que mon Conducteur me faisoit tenir à Rome : il me mena pour aller à Campo Vachine, par une ruë assez étroite toute four-

V.

millante d'enfans : ce vieil Romain me dit , que
les Anciens appelloient Proletarios ces petites
gens, les faiseurs d'Enfans ; comme nous fûmes
dans la place , il me fit remarquer une vielle
mazure & un gros tas de pierres , où étoit
autrefois, me dit-t-il , la Maison d'un Senateur
Romain, qui ayant perdu la clef de son Cabinet,
on la trouva entortillée d'un gros Serpent ; les
gens qui avoient découvert cette avanture , dirent en tremblant au Senateur , que cela étoit
de mauvais augure : il leur répondit , que si la
clef s'étoit entortilleé à l'entour du Serpent , que
cela seroit inoüi , & pourroit pronostiquer quelque chose extraordinaire ; mais comme c'est la
nature d'un Reptile & d'un Serpent, de ramper
& aprés s'entortiller , il ne voyoit rien qui ne
fût dans les regles & selon l'instinc d'un Vipere,
& consequemment la crainte de ces trembleurs
fort ridicule & mal fondée.

Le Prince nous fit recit qu'il avoit auprés de
lui à Rome un valet de Chambre fort adroit;
mais grand yvrogne , aprés une débauche il
battit la nuit un François de qualité , avec tant
de violence & d'outrage , que les Sbirres étant
accourus au bruit & voulant arrêter mon domestique , plusieurs de mes gens & autres voisins les chargerent , & en blesserent quelques-
uns, mirent le reste en fuite ; ce qui étant venu
à la connoissance de Monsieur le Marquis de
Fontenai Mareüil Ambassadeur de France , ce
Ministre en fit son rapport à sa Sainteté , pour
appuyer les interêts de la nation Françoise. Le
Pape assura l'Ambassadeur , qu'il seroit châtier
exemplairement les Complices de ce crime , &
pendre l'agresseur : comme l'on sçavoit que ce
Valet étoit à moi , & que j'avois de l'inclina-

tion pour lui, les poursuites se ralentirent, l'on évitoit même de l'arrêter, parce que l'on sçavoit que cela me chagrineroit. Les Romains voyant que cette affaire qui avoit fait tant de bruit au commencement s'en alloit en fumée, quelques particuliers mirent au col du Pasquin les Armes des Barbarins, qui sont trois Mouches à miel, que l'on sçait qui sont armées d'éguillons fort picquans, & au col de Marphorio les Armes de Duval Fontenai Marcüil, vôtre oncle me parlant, dit, ce sont trois dangereuses pointes de Dard : le Marphorio & le Pasquin se disoient l'un à l'autre, nous n'avons que trop dequoi picquer ; mais nous ne blesserons personne qu'en peinture : ce qui se trouva tellement vrai, que le Pape & l'Ambassadeur, fitent avertir le Criminel de ne point fournir de sa personne quand on le pendroit en effigie.

Les Italiens étoient tellement persuadez du flegme & du morne silence du Marquis de Fontenai Marcüil, qu'ils faisoient dire à Marphorio & à Pasquin, qu'ils obtiendroient par le crédit qu'ils prétendoient avoir sur l'esprit du Papé, que sa Sainteté voudroit bien pour un quart d'heure s'habiller en habit d'Harlequin, pour extorquer un souris de ce serieux & silentieux Ambassadeur.

Le Prince se disposoit à nous conter encore quelques-unes de ses avantures qui lui étoient arrivées à Rome, lorsqu'un Page le vint avertir que Monsieur Merault, l'un des principaux Interessez aux Fermes des Gabelles, qui étoit Seigneur de ce beau Château de Bonnes, & qui venoit d'acheter la Baronnie de Boissi sous saint Yon pour y annexer : cette grande Merre est assez voisine de la Comté de Rochefort, ce

V 2

Traitant y arriva en Caroffe, qui étoit attelé
des fix plus beaux Chevaux de Paris, qui lui avoient été donnez à ce qu'il dit par un Sous-traitant.
Il témoignoit sur son visage le chagrin qu'il
avoit, de s'être vû contraint depuis un mois à
payer une Taxe de cent mille écus; comme je
témoignois entrer dans le chagrin de ce Taxé,
le Prince essuya bien-tôt les larmes de ceux qui
déploroient le sort de ce Traitant, en nous
disant, il faut que vous sachiez, Messieurs, que
les Partisans sont comme une espece d'Oiseaux,
que tant plus ils sont plumez, mieux ils Volent.

Lorsque ce Prince finissoit ce discours, l'on
me vint avertir qu'il y avoit un Garde de la
Forêt de Fontainebleau qui vouloit me parler,
ce Prince ordonna qu'on le fit entrer dans sa
Chambre, où il me presenta une lettre de Monsieur de Lionne Secretaire d'Etat, & qui avoit
une Charge de contrôlleur de la Forêt de Biere
ou Fontainebleau : ce Ministre me mandoit que
le jour d'auparavant la datte de sa lettre, que
Monsieur le Cardinal Mazarin lui avoit fait
connoître qu'il étoit surpris comme j'avois differé
si long-temps à lui porter certain état qu'il me
demandoit, qu'il me conseilloit de me rendre
incessamment prés de son Eminence : le Prince
à qui je fis confidence de ma lettre, me dit,
vous n'avez point de temps à perdre pour partir,
je prévois que ce sera pour demain au matin,
& veux être de la partie ayant affaire à la Cour,
je vous menerai dans mon Caroffe, disposez de
l'équipage comme vous jugerez à propos, nous
ne manquâmes pas le lendemain de partir pour
Fontainebleau, nous passâmes prés d'Estampes &
par le Gastinois où font tous ces effroyables
Rochers, retraite ordinaire des Loups & des

Voleurs ; cela se trouva si veritable, que nous trouvâmes un Prévôt des Marechaux accompagné de plusieurs Archers, qui traînoient impitoyablement le nommé du Tertre, un des Chevaux legers de la Garde du Roi, & fort connu à la Cour : il étoit convaincu de plusieurs meurtres & vols de grands chemins, & par Sentence Prévôtalle, condamné d'être roüé tout vif à Nemours ; ce qui fit dire après au Prince, faisant semblant de déplorer le sort de ce malheureux, que le pauvre du Tertre étoit mort de ses blessures à Nemours.

Dans le Carosse le Prince nous conta entr'autres choses, que dans le dernier voyage qu'il avoit fait à Paris, qu'il s'étoit trouvé indispensablement engagé de rendre une visite à Madame de l'Abbéye au Bois, qui est dans l'extrémité du Fauxbourg S. Germain, & à une lieuë de de l'Hôtel de Guimené, qu'étant arrivé au Convent, la Tourriere le fit entrer dans un fort beau parloir en attendant Madame, qui vint accompagnée de deux grandes Religieuses ornées de Guimpes fort blanches ; comme vous sçavez, me dit ce Prince, que quand je tiens à ma main quelque chose, par une mauvaise habitude dont je ne suis pas le maître de corriger, & que je ne puis m'empêcher de frotter ce que je tiens, & le porter à la tête & au nez ; comme j'avois à la main une bigarade que je faisois promener à mon ordinaire, ces sottes Religieuses n'entrant point dans mon foible, firent éclat de rire dont je connus bien la matiere : je demandai à Madame l'Abbesse ce que c'étoit que ce grand enclos de murailles qui étoit proche de son Abbéye : elle me répondit que c'étoit les petites Maisons, où l'on met & garde les Fouxs mais ne craignez-vous point, Madame, dit le Prince, que cét air ne soit contagieux & n'infecte vôtre Communauté : car je m'apperçois si fort de la contagion de ce voisinage depuis un quart d'heure que je suis ici, que je vois que vous avez à vos côtez deux Folles outrées qui rient fort mal à propos.

Nous arrivâmes fort tard à Fontainebleau, & fûmes loger à la Capitainerie, Monsieur de Guimené se trouva le lendemain au levé du Roi, & moi à celui de son Eminence : sa Majesté voyant entrer ce Prince dans sa Chambre, lui dit, vous arrivez fort à propos Monsieur le Grand Veneur, nous parlions de Chasse, je m'étois déja fait apporter des Cors pour en choisir un qui me fût propre : le Grand Veneur dit au Roi, vôtre Majesté trouve tant de facilité à faire ce qui lui plaît, que tous les Cors que l'on lui présentera feront à son usage ; pour moi, dit Monsieur de Guimené, je n'en puis trouver qui soient au mien : si quelqu'un vendoit de bons Poulmons, je mettrois volontiers mon argent à cette Marchandise, & puis j'acheterois avec plaisir des Cors de Chasse.

Il faut pourtant que j'en porte un, quoique silentieux, pour marquer l'emploi & la dignité que j'ai auprés de vôtre Majesté, je ne laisse pas quelques fois de l'emboucher, & de me faire entendre des Veneurs qui ne sont pas fort éloignez de moi : dans tous les grands Emplois de vôtre Royaume, ce ne sont point les Officiers en chef qui font le penible & trop attachant des grandes Charges, les Secretaires des Commandemens de vôtre Majesté, quoique fort habilles & d'un merite distingué, puisque l'on les compare aux quatre Evangelistes, ne se

fervent pas plus de leur écritoire que que je me
fers de mon Cors, il fignent fimplement ; mais le
narré & la fubftance de ces belles écritures fi
hardies , & les grandes paraphes font des ouvrages des Commis, & encore plûtôt des Co-
piftes : il n'importe par qui vôtre Majefté foit
fervie , pourvû qu'Elle le foit bien & avec
éclat : de même , il vous eft indifferent que ces
fanfares de Cors foient embouchez par le Grand
Veneur, ou par les valets de Chiens , pourvû
que l'harmonie foit pompeufe & complete pendant que le Cerf agonife & eft aux derniers
abois.

Comme Monfieur de Guimené prenoit congé
du Roi, fa Majefté fe reffouvenant de ce qui
lui avoit été dit par ce Grand Veneur, qui fou-
haitoit trouver quelqu'un qui lui pût vendre
des Poulmons : fa Majefté lui dit, fi je pouvois trouver un tel Marchand je ferois vôtre
amplete, tout le monde fçait que le chagrin
comprime & refferre les poulmons ; au contraire,
la joye les dilate ; ce qui fit dire au Grand
Veneur, j'ai trouvé dans vôtre Majefté l'envoyé de Dieu que je cherchois, puifque par vos
manieres obligeantes vous m'avez tant donné de
fatisfaction & de joye, que cela m'a tellement
dilatté les Poulmons , que je croi en avoir de
nouveaux.

Pendant que le Prince étoit chez le Roi, j'é-
tois à l'appartement de fon Eminence, qui ordonna de ne laiffer entrer perfonne dans fon
Cabinet, qu'il n'eût examiné quelques papiers
qu'il m'avoit ordonné de lui apporter : le Marquis de faint Herand Grand Louvetier , trouva
moyen d'entrer dans la Chambre de fon Eminence ; qui s'apperçût qu'il y avoit quelqu'un

qui étoit à la porte, demanda à son valet de Chambre qui étoit Romain, qui étoit là, il lui répondit, mi paressée Monseignor, ché li Capitano di Luppi : voilà une belle raison, dit son Eminence, de donner entrée à une personne dans les lieux les plus secrets, parce qu'il est Capitaine des Loups.

Le Prince me dit qu'ayant pris congé du Roi, il vouloit incessamment s'en retourner à Rochefort, il me demanda si je ne voulois pas qu'il me remenât au lieu où il m'avoit pris, je lui témoignai que je ferois aveuglement tout ce qu'il pourroit souhaiter de moi ; mais auparavant que de partir, il dit qu'il étoit indispensablement obligé de voir Monsieur le Maréchal de Turenne : il fut de grand matin à l'Hôtel de ce Maréchal, qui étoit déja sorti, le Suisse dit à Monsieur le Grand Veneur, que son Altesse ne devoit revenir qu'à l'heure du dîné, vous direz Suisse, à son Altesse, que son Altesse de Guimené reviendra tant de fois qu'il le trouvera.

Le Prince de Guimené croyant être autant en droit de se faire traite d'Altesse comme le Vicomte de Turenne, ce qui le fit affecter de dire à la porte que son Altesse de Guimené étoit venuë : ce Prince ne manqua pas de retourner à l'Hôtel de Turenne, à l'heure qu'il crût que l'on pouvoit avoir dîné, il trouva un Laquais en entrant dans la Cour, qui portoit une paille au Vicomte de Turenne pour se curer les dents, à qui il demanda si son Maître avoit dîné, il lui répondit que son Altesse en étoit à la paille : apparemment mon enfant, dit le Prince, il faut attendre que son Altesse aye achevé de manger son avoine.

Nous partîmes le lendemain du grand matin

de

Fontainebleau, & reprîmes la même route pour
nous en retourner a Rochefort. Ce Prince me
demanda, si je ne me disposois point d'aller cette
année en Touraine dans une Terre qui m'appartient, qui a été bâtie par le Cardinal Bri-
çonnet mon oncle, & qui est mouvante de ce
Prince a cause de son Duché de Monbazon. Il
me dit que l'année derniere, il avoit été a ce
Duché ; & qu'étant allé coucher a une hôtellerie de Tours, qui est a deux lieuës de Monbazon, quelques Conseillers du Presidial, qui
avoient l'honneur d'étre connus de lui, le vinrent saluer. Il leur dit, Messieurs, je vous ai
obligation en particulier de vôtre honnêteté.
Pour Monsieur le Presidial en corps je le trouve fort incivil ; & monsieur le Lieutenant
Civil n'e l'est que de nom, puis qu'il ne sçait
pas comme l'on en use dans le monde. Dittes
moi, Messieurs, de quelle maniere traitez vous
Messieurs du Parlement quand ils sejournent
ou passent dans vôtre Ville de Tours. Les plus
anciens de ces Conseillers lui dirent, que lors
qu'un President, ou un Conseiller de la grande Chambre passoit a Tours, qu'il étoit com-
plimenté par le Presidial, & que le Corps de
Ville lui envoyoit le Pain & le Vin : mais
que pour les Conseillers des Enquêtes, l'on ig-
noroit leur arrivée, & qu'on les laissoit passer
sans Pain, sans Vin & sans Harangue. la dessus le Prince leur dit, qu'ayant été reçu Duc
& Pair de France au Parlement, il avoit crû
étre de la grande Chambre : mais qu'il voyoit
bien que le presidial croyoit, que les Ducs &
Pair de France n'avoient leurs places que dans
la Chambre des Enquêtes.

Comme je témoingnai a ce Prince, a mon

X

arrivée a Rochefort , que je prendrois congé
de lui le soir , pour partir le lendemain de grand
matin , il me voulut engager de lui promettre
de venir passer avec lui la fête des chasseurs.
Je lui dis , que l'année derniere, j'avois so-
lemnisé la fête de S. Hubert , en bonne compagnie & grand appareil en son voisinage, qui
étoit au Chateau de Guipperville qui appartient
à M. Genoux Conseiller de la grande Chambre , Homme fort genereux & de grande chere. Voila comme la chose se passa , Monsieur
de Guipperville engagea une nombreuse compagnie qui étoit chez lui de venir faire la St.
Hubert le jour de la Fête : toute la compagnie
lui promit : mais bien des gens absens & amis
particuliers de la maison se crurent être nés
conviés. Ils se trouverent tous à une fort mauvaise chasse , mais à un fort bon repas. Il y
avoit bien cinquante personnes de qualité , &
cent Valets. Pour eviter d'aller à la Cave , on
fit defoncer dans la cour deux Tonneaux de
Vin pour les Valets des etrangers , & ceux de
la maison disoient aux autres , que pour bien
solemniser la Fête de St. Hubert , il falloit
être à Genoux.

En m'en retournant de Rochefort c'etoit mon
chemin d'aller passer à Palaiseau , mais voyant
Villeboy tout proche qui apartenoit à Monsieur le premier President de Novion ; je me
serois fait une affaire avec ce chef de justice ,
si étant si près je n'etois pas allé lui rendre
mes hommages. Il m'engagea à demeurer deux
jours en son Chateau , où je trouvai grande
compagnie. Au moment que j'arrivois Monsi-
Ferrand Lieutenant Particulier du Chatelet
montoit en carosse avec plusieurs gens pour s'en

aller à fa terre de Huit-fols prés Paris. Monfieur le premier Prefident qui avoit connoiffance des grands preparatifs que l'on faifoit chez
Monfieur Ferrand pour reçevoir vne nombreufe
compagnie, que l'on avoit mis la baffe Cour
à feu & à fang, chaffé beaucoup de Perdrix
& autre gibier fur la Seigneurie ; tout cela
fit dire à Monfieur le premier Prefident, qu'il
n'y avoit qu'un Moufieur Ferrand qui pût faire
une fi grande chere fur un revenu de huit fols.

Monfieur le premier Prefident nous dit que
cette charge de Lieutenant Particulier eft d'une
grande confideration à Paris, puifqu'en l'abfence des Lieutenans Civil, de la Police, &
Criminel, il fait fort fouvent ces charges, &
jouit des profits & des émolumens de ces premieres charges du Chaftelet. Comme c'eft la
coûtume, lors que l'on doit paranympher des
Docteurs, ou en Sorbonne on en la faculté
de Medecine, que les gens des facultés envoy-
ent des Députés de leurs Coprs nous prier
d'affifter au paranymphe, & en fuitte d'aller
prendre un grand repas : celui qui tient ma
place au Parlement, fait un remerciement en
latin de la part de la Cour. Apres cela ces
mêmes Députés vont au Chatelet faire auffi
complimens à Meffieurs du Prefidial, & le
prient de même du paranymphe & du repas.
Le Pere de Monfieur Ferrand, qui vient de
fortir d'ici, tenoit le Siege par l'abfence du
Lieutenant Civil, & fe voyant obligé de répondre en latin, à quoi il n'etoit nullement
preparé, il trouva fa reponce dans le Pfeau-
me 121. difant, *lætatus fum in eis quæ dicta*
*funt nobis, in domum Domini ibimus.* le Pfalmifte le fit fortir agréablement de fon com-

pliment. Puis dit en François , nous avons tout sujet d'être satisfaits ; & en réconnoissance de vos honnêtetés, nous ne manquerons pas de nous rendre chez vous au moment & au temps que vous voudrez bien nous prescrire.

Monsieur le premier Président nous fit un récit d'une Sentence assez plaisante , que Monsieur Ferrand le Pere avoit rendue au profit d'un jeune Commissaire du Chatelet , ce Lieutenant particulier faisant la charge de la Police , eut ordre du Roi sur quelques plaintes faites à Sa Majesté d'empecher des abus qui s'etoient introduits dans le corps des Commissaires , ce qui obligea Monsieur Ferrand d'avertir les Officiers de venir le trouver pour apprendre les instructions de Sa Majesté par sa bouche. Vn jeune Commissaire laissa sortir tous ses autres Confreres de la Salle pour pouvoir entretenir Monsieur le Lieutenant particulier sans être entendu des autres , il dit à ce Magistrat qu'il vouloit se distinguer de ses Confreres par l'attachement qu'il alloit prendre à lui plaire , & à bien faire son devoir , & moi répondit Monsieur le premier Lieutenant , je vous tirerai du pair des autres, pour vous faire des graces sur les Amandes , ce jeune Officier avide de gain n'oublia pas la promesse qui lui avoit été faite par son Superieur , il trouva pour bon-heur a ce qu'il croyoit , le propre jour de Pasques à huit heures du matin , une Charette , traisnée par quatre gros Chevaux , conduit par un Gadoüard, chargée de cinq poinçons de Gadoüe , le Commissaire fit son rapport à Monsieur le Lieutenant , le même jour de Pasques qui rémit le

Iugement de l'affaire au premier jour d'apres
les Fêtes. Ce Magiftrat à ce que l'on à rapporté, donna Sentence, qui portoit, que les
Chevaux, Charette, Harnois & Tonneaux,
feroient vendus au profit du Roi ; pour le pay-
ement de l'amande encourüe, & pour ce qui
étoit dans les Tonneaux, adjugé au profit du
Commiffaire, l'on mena les cinq Tonneaux
devant la porte de ce Commiffaire, & à lui
permis de s'aproprier à fon vfage la marchan-
dife qu'il étoit dedans, qui ne garda pas long
temps devant fa maifon.

Vn Confeiller du Parlement, parent de Mr.
le premier Prefident, qui étoit à Villebon,
nous dit, vous fcavez bien Meffieurs qu'il n'y
à pas long-temps que la charge de Lieutenant Civil & de Police, s'exerçoit par un
même Magiftrat, elle à été feparée en faveur
d'une perfonne qui la fait avec beaucoup d'in-
tegrité, & tellement récognuë du Roi, qu'il
ne fait rien qui ne foit dans l'approbation de
Sa Majefté, tont le monde en eft fi perfuadé,
que les Commediens Italiens voulurent faire
cognoiftre cette verité par une de leur piece
Comiques qu'ils ne joüerent neanmoins qu'une fois
ils feignirent que leur Arlequin étoit extraordinairement jaloux de fa Femme, qui étoit
logée dans une maifon proche une Lanterne de
leur rüe, comme Arlequin étoit d'une petite
ftature, il monta dans la Lanterne qui étoit
vis à vis de fa maifon, il étingnit la chandelle & fe mit dedans pour obferver s'il n'y-
roit perfonne voir fa Femme qui le croyoit à
Fontainebleau, il ne fût pas plûtot monté dans
la Lanterne que le Guet paffa, l'Exempt qui
commandoit à cette Efcoüade d'Archers fit met-

tre un flambeau au bout d'une Allebarde pour
voir s'il y avoit une chandelle éteinte dans la
Lanterne de Ville ; toute la troupe vit par la
grande lumiere du flambeau que l'on voyoit vi-
fiblement qu'il y avoit un Homme dans cette
Lanterne ; tous les Archers par ordre de celuy
qui commandoit, se mirent à crier si vous ne
parlez nous allons faire une décharge generalle
de nos Mousquetons, Arlequin en tremblant
& mourant de peur, ouvre la fenêtre & le
Commandant du Guet lui dit qui vous à fait
si hardi de monter dans cette Lanterne, quel
dessin pouvez vous avoir, c'est de suivre dit
Arlequin les intentions du Juge de la Police
qui est mon Maistre. Le Commandant dit aux
Archers allons mes Camarades c'est assez mar-
chons c'est Homme n'est point un Lanternier
quoi qu'il soit dans une Lanterne puisque c'est
par ordre secret de Police qu'il y est monté.

Une Dame de qualité jeune & bien faite
n'ayant pû voir Monsieur le premier Président
à Paris, apres qu'il lui eût donné audience &
fait gagner son Procés, cette Dame vint dîner à Villebon pour remercier Monsieur de
Novion, elle lui disoit pendant le dînér que
le jour qu'il avoit eu la bonté de lui donner
audience qu'elles étoit levée à quatre heures du
matin, Monsieur le premier Président lui demanda combien de tems elle avoit été à sa toillette & à consulter son miroir, c'est assez vous
dire répartit la Dame que j'étois toute bou-
clée à cinq heures, que nous dites vous Madame répondit Monsieur le premier Président
c'est la veritable heure que toutes les belles
de vôtre age doivent être débouclées.

Comme le premier Président réconduisoit cet-

té Dame qui s'en retournoit à Paris, en paſ-
ſant par la Salle il rémarqua un Plaideur qui
conſideroit attentivement une Cheminée & ex-
àminoit pluſieurs chiffres de PP. qui étoient
entrélaſſez les uns dans les autres, Monſieur
de Novion en révenant de conduire certe Dame trouva ce même Homme encore apliqué à
vouloir entrer dans la ſignification de tous ces
chiffres, le premier Preſident lui demanda que
croyez vous que veulent ſignifier ces quatre P.
Sont ces chiffres qui me conſolent dit le plaideur, c'eſt à dire pauvres Plaideurs prenez pa-
tience.

Monſieur le premier Preſident trouvant la
penſée de ce Client aſſez plaiſante & qui ten-
doit à ſes fins pour avoir une prompte expedition de ſon affaire, dit au Plaideur vous
n'avez compté que quatre P. ſur ma cheminée
& ſi vous y prenez bien garde vous en trou-
verez deux d'augmentation, qui font ſix en tout
vous m'avez fait comprendre ce que ſignifioit
ces quatre premiers, & moi il faut que je vous
explique ces deux derniers P. qui veulent dire
premiere plaîdée cela vous doit faire compredre
que vôtre Cauſe ſera la premiere jugée & vous
demeurerez d'accord avec moi qu'il faut être premier Preſident pour ſeurement déchiffrer ces
deux dernieres lettres.

C'eſt un vſage par tout le monde de mettre
des Lettres de chiffre ſur les Palais, Châteaux
& Maiſons des gens à qui ils apartiennent,
ces chiffres ſont d'ordinaire les premieres lettres
de leurs noms & leurs dignités. Les Empereurs de la Maiſon d'Autriche qui ont autrefois prétendu à la Monarchie Vniverſelle &
à l'Empire du Monde dont il falloit un Loüis

le Grand pour les détromper, ils ont pour une marque de leur entêtement sur le Frontispice du Palais de Sa Majesté Imperialle ces cinq voyelles qui sont en gros Caractere, A E I O V. pour signifier *Austriacorum Est Imperare Orbi Vniverso.* C'est à la Maison d'Autriche à qui appartient de droit d'avoir l'Empire Vniversel. Monsieur le premier President nous dit est il possible que l'Empereur Leopol puisse soûtenir sur son Palais une si mauvaise prophetie qui donne tous les jours aux François une nouvelle matiere de raillerie.

Quand on rémarqueroit dans l'hôtel de Gesures des PP. entrélassez, on comprendra facilement que ce Seigneur est du nom de Potier, Pair de France, premier Gentil-homme de la Chambre, & Gouverneur de Paris, ce Seigneur à l'advantage que personne ne disconvient, qu'estant Gouverneur de Paris que tous les Estrangers appelent le petit Monde, que son Gouvernement du petit Monde est plus effectif que celui de Leopol de l'Vnivers.

Le Roi en donnant le Gouvernement de Paris au Duc de Gesures, Sa Majesté à cognû le merite & la valeur distinguez de ce Seigneur, & en consideration des longs services de René Potier Comte de Tresme, Capitaine des Gardes du Corps de Sa Majesté qui avoit épousé Marguerite de Luxembourg Fille de François de Luxembourg Duc de Pinci, Pair de France, & de Dianne de Lorraine. De ce mariage sont issus quatre Fils & huit Filles, l'aîné François Potier Marquis de Gesures, Capitaine des Gardes du Corps de Sa Majesté, fût tué en servant de Lieutenant Général sous Monseigneur le Duc d'Anguien,

on

on dit qu'il avoit reçû en diverses parties de
son corps quarante-une blessures en plusieurs
occasions, ce qui lui avoit fait meriter le
Brevet de Maréchal de France. François Potier son Cadet lui succeda, & fut pourvû
apres lui de la charge de Capitaine des Gardes du corps de Sa Majesté, il fut tué au
Siege de Lérida en 1646. Leon Potier d'aujourd'hui Duc de Gesures Gouverneur de Paris, à épousé Marie, Françoisse, Angelique du
Val Fille unique du Marquis de Fontenai Ma-
révil Ambassadeur extràoidinaire prés sa Sainteté, il étoit de la maison de du Val, les
gens de cette Famille ont tellement hapréhan-
dé d'accepter qu'elque emploi dérogeant à leur
Noblesse, qu'un Jean du Val Tresoiier de
l'Espargne dans le Regne de François premier
quoique cette Charge soit fort important dans
le Royaume, ces Enfans croyant que leur Pere
avoit dérogé, ayant possedé une Charge de
Comptable, obtiennent dans ce doute un Ar-
rest de la Cour des Aydes de Paris du 4 May
1584. qui réabilite les Enfans en cas que leur
pere eust dérogé pour avoir été Titulaire d'une
Charge de Tresoiier de l'Espargne, on croit dans
le temps où nous sommes que c'est avoir un
Titre incontestable de Noblesse que d'avoir les
Clefs du Tresor de Sa Majesté.

Monsieur le Duc de Gesures avoit un Oncle
nommé Bernard Potier Seigneur de Bleran-
court, Lieutenant General de la Cavalerie
Legere de France & Gouverneur de Peronne
mort sans Enfans, quand ce Seigneur fut prendre possession de la Charge de Gouverneur de
Péronne, tous les Sçavans de la Ville furent
consulter l'Assamblées pour trouver qu'elque

Y

jolie penſée où pointe d'eſprit pour ſe con-
ſilier les bonnes graces de leur nouveau Gouverneur, il fut conclud dans l'Aſſemblées des
beaux eſprits de la Ville, que l'on porteroit le Vin de Ville dans trois grands Pots
d'argent qui demeureroient à Monſieur le Gouverneur, les trois Pots furent preſentée par
trois Eſchevins que le Principal diroit voila
le Pot premier, l'autre voila le Pot ſecond
& le dernier diroit voila le Potier, & tous
enſemble criroient à pleine Tête, voila le
Potier, voila le Potier, voila le Potier.

Au ſortir de Villebon, je fus faire un voyage à la Campagne, à mon arrivée à Paris,
l'on me dit pour nouvelle, que Monſieur de
Novion s'étoit demis de la charge de premier
Preſident, ce qui m'obliga de l'aller voir à
ſa Maiſon d'Iſſy ſur ſon changement d'Eſtat
étant devenu un Homme privée, aprés avoir
été ſi general.

Il me demanda, de bonne foi Monſieur,
qu'el jugement fait on de mon abdication de
la grande Charge que je viens de quitter, je
lui répondis que les plus éclairées diſent que
vous avez utilement travaillé pour vôtre gloire
en exerçant cette important Charge, & qu'en
la quittant vous n'enviſagée plus que vôtre
Salut & le repos de vôtre Famille, tous les
gens de bien demeurent tous d'accord qu'il
faut qu'a la fin de nos jours il y ait toûjours
une intervalle notable entre les affaires du
Monde & celle de nôtre Salut, & de l'Eternité.

Les gens que vous avez écoûtez ſur mon
abdication vous ont parlé fort juſte, & ſont
fort bien entrées dans mes ſentimens, mais
ſçavez vous que je faiſois reflexion hier, que

comme je ne suis plus à la tête du Parlement pour vous obliger comme vôtre ami & vôtre allié, que je vous donne un Succeſſeur qui eſt vôtre parent, puiſque Chriſtophe d'Arlai avoit épouſé Catherine du Val fille de Germain du du Val, Chevalier Seigneur de Fontenai Marevil grand Oncle de vôtre Mere Claude du Val, ce Chriſtophe d'Arlai & Catherine du Val étoient Pere & Mere de Meſſire Achilles d'Harlai premier Preſident du Parlement, de façon que par la famille des du Val vous avez les trois premieres perſonnes de Paris pour vos parens, ſçavoir Monſieur l'Archevêque, Monſieur le premier Preſident & Monſieur le Duc de Geſures qui à épouſé une du Val Fontenai Marevil, fille unique du Marquis de ce nom. Ie dis à Monſieur de Novion, que quand on cherche l'obſcurité comme je fait, l'on devient comme les Hiboux qui ont la veüe trop foible pour regarder & s'aprocher de ces trois rayons qui éclaire ſur la capitalle du Monde, il ne faut plus ſonger qu'a prendre le parti d'aller dans un lieu où *erunt noviſſimi primi & primi noviſſimi*, où les premiers ſeront les derniers, & les derniers les premiers, c'eſt à dire que certaine gens de la lie du peuple qui ſont ſur la terre dans le dernier abaiſſement monteront dans l'autre Monde ſur des Trônes brillantes de gloire & les Rois ſerviront de marchepied à ces gens qu'ils ont crû ſi mépriſables.

Depuis que je me ſuis détrompé dit le premier Preſident de ces honneurs paſſagers & chimeriques de cette vie, je mépriſe tous ces vains titres d'honneur, les gens denüez de tous biens, & ſans feu & ſans lieu, ont encore nu reſte de vanité quand ils prennent la qualité d'habitans du Monde d'ici bas , pour moi j'ai borné mon ambition à mourir habitant du Village d'Issi.

Le Président continuant de parler nous raconta qu'estant allé un jour entendre une prédication de Monsieur l'Evêque du Bellay qui préchoit au grands Augustins du bout du pont neuf de Paris . ce Prelat en montant en Chaire aperçut des Maçons qui celloient avec du mortier la Tombe de feû Monsieur le Président de Mesme , qui étoit mort quelque jours auparavant , ce Predicateur dans sa morale de son Sermon parlant de l'incertitude du jour de nôtre mort & du neant , des conditions de Hommes quand ils sont expirés , dit que les Papes n'étoit plus que des Papillons , les Rois des Roitelets , les Sires des Cirons , & qui consideroit que ce Président au Mortier nouvellement mort n'étoit plus qu'un Resident au Mortier.

Monsieur de Novion me dit comme je ne suis plus au Publique & que je ne suis qu'a moi même n'ayant plus à travailler de Commissaires n'y d'Audiance à donner . dîné avec moi , j'attens un Commis de Monsieur Riquet qui nous entretiendra de ce grand ouvrage de la communication des Mers & de plusieurs choses dont j'ai grande curiosité d'être informé, c'est Ingenieur ne manqua pas de venir dîner à Issi comme il l'avoit promis , il raconta à Monsieur de Novion comme la communication des Mers avoit été jugée faisable en l'année 1666. en presence du Roi , Sa Majesté crut qu'il ne falloit rien épargner pour mettre le Commerce de ses Subjets en seureté , en abrégeant leur chemin d'un circuit de sept où huit cens lieües , & éviter en même temps tous

les perils & d'angers de la Mer & des Cor-
faires , pour prevenir à c'eft important deffin,
il fut refolu de fe fervir de la Garonne & de
Laude , & de joindre ces deux Rivieres par celles de Lers & de Frefquel , & que l'on pra-
tiqueroit un Canal qui feroit rempli des Eaües
que l'on pouroit tirer de la Montaigne Noir
par la communication de ces deux Rivieres, on
concerta pour rendre c'eft ouvrage achevé &
dans fa perfection que l'on fe ferviroit des Lé-
vées de la Riviere Baude jufqu'a Narbonne ,
d'où l'on feroit prendre un cours à gauche au
Canal pour le faire paffer à Beziers & par
Agde , & de la gagner l'Eftang du Thau &
le faire aboutir au Cap de Cetté où on prit
la refolution de faire le Port pour fournir ce
Canal d'Eaüe , il falut bien des Réfervoirs,
le plus confiderable eft celui de Saint Ferrol,
il y à plus de deux mil Toifes de circuit, les
Eaües décendent de ce Réfervoir en plufieurs
autres endroits au Baffin de Naurouse qui de
figure octogonne ovale , tout révérû de pierre
de taille , il à cent cinquante Toifes de largeur & environt deux cent de longueur.

Le Canal eft large de trente pieds , & à
prés de foixante-quatre lieües de long , dans
cette étendue il y à un lieu qui s'apelle le Mal-
pas , c'eft une Montagne de Roche qu'il à fallu percer pour monager le paffage du Canal
& même on à taillé une Voute de quatre
Toife de largeur & quatre & demie de haul-
teur, ce Berceau à quatre-vingt Toifes de long.

L'on compte cent quatre Feluses fur le Canal , on dit que l'on peut paller en onze jours
d'une Mer à une autre. Monfieur de Novion
nous dit , de bonne-foi à ton jamais oüi par-

ler d'un si extréordinaire ouvrage , il semblé que de se méler de vouloir joindre les Mers , que cette entreprise n'est pas du ressort des Hommes,

Quand on à quitté pour jamais les affaires Publiques me dit le premier Président pour ne songer plus qu'a son salut , il y à pourtant des momens à menager pour donner quelque relachément à son esprit , qui étant vuide des soins aupressez des affaires importantes , goûte plus agreablement & avec moins de distraction quelque raillerie inocente que dans d'autres temps on iroit écouter les Comedie de Corneille & de Molier. Il vint hier un Curé de ce voisinage qui fit semblant de tomber dans un ingenuité qui donna matiere de rire à la compagnie , comme je m'informois de ce Pasteur de la valleur de son Benefice , il demanda à un homme de la compagnie qui étoit son voisin s'il n'avoit point remarqué la bonté des Cloches de sa Paroisse & sa charmante sonnerie , ce voisin témoingna qu'il étoit vrai que le son de ses Cloches étoit argintin & esclatant , il se tourna vers Monsieur de Novion & lui dit & bien Monseigneur à beaucoup de son peu de farine.

Et voulant s'expliquer , il dit quand les Boulangers sassent leur farine & qu'ils trouvent peu de fleur de froment & beaucoup de son , ce n'est pas le compte des gens de cette profession , cela n'est point avantageux à un Curé d'avoir une si grosse sonnerie avec un revenüe si modique.

Nous voyons dit le premier Président , par ce que vous nous faites comprendre que vous ne joüissez pas d'un fort gros reveu , mais comment se nomme le Patron de vôtre Eglise il répondit à Monfieur de Novion , vous fcaurez Monfeigneur qu'il n'y à pas fix mois que je fuis titulaire de ce Benefice & que je ne conois encore n're Patron que de veüe.

Ce Curé voiant que fa plaifanterie étoit du gouft de la compagnie il en fit une autre, difant qu'a l'inftalation de fon Benefice il avoit creû être obligé de traitter fon Doien Rural & dix ou douze Curés fes confreres de ce Doienné , il fit des aprefts affé confiderable pour donner à dîner à cette nombreuffe compagnie, il fut au marché prochin pour achepter du Gibier il trouva d'abord une païfanne qui lui vendit une Becaffine qui mit en même temps dans fa poche , un moment après il fe prefenta un jeune Garçon qui tenoit en fa main une groffe Becaffe , il lui demanda combien il vouloit vendre ce chetif Oifeau , le Curé prenant occafion que ce païfant tournoit la tête de l'autre cofté lui mit en fa main la Beccaffine au lieu de la groffe Becaffe , ce Païfan tournant la Beccaffines de tous cofté & régardant le long bec , les pieds & les plumes , appella le Curé Sorcier , lui diffant qu'il avoit vollé toute la Chair , & qu'il n'avoit laiffé que la plume & les Os & le Bec , le Pafteur rapellant ce garçon qui s'enfuioit de toute fa force , fe figurant que ce Preftre étoit un Diable qui lui crioit quil achepteroit fa Becaffe telle qu'elle étoit , le garçon diffoit dans une voix effraiée , que je me garderai bien que vous ne la maniez encore une fois je fuis certain que vous la reduiriez à rien.

Il arriva à Iffy un de ces habiles Procureurs du Parlement , Monfieur le premier Prefident lui demanda fi ce n'étoit pas lui qui vouloit faire caffer un des verres de la Lunettes de P

Fournier, n'en ayant befoing que d'un feul, puifqu'il eft borgne, P. Fournier étoit procu:eur
d'un Compte à qui on faifoit vendre toutes fes
Terres les unes aprés les autres, fans que lui
n'y fes Créanciers en reçeuffent aucune chofe,
pnur ce qu'elles étoient adjugées à une perfonne
de la premiere qualité de la Robe, qui config-
noit toutes les fommes en papier, aux Conhg-
nations, & avoit le crédit d'empecher qui ne fe
fit aucun Ordre. Pierre Fournier en commençant
à foûtenir la Caufe de fa partie, dit Meffieurs
je plaide pour un Homme qui vend tout & ne
reçoit rien, contre un autre qui achepte tout &
ne paye rien.

Monfieur de Novion dit à ce Procureur qui
étoit là prefent, comme vous voulûtes interrompre P. Fournier, qui avoûoit bien des faits qu'il
ne pouvoit prouver, P. Fournier dit Meffieurs,
j'ai des écrits en main qui font inconteftable, &
je ne ferai voir à la Cour aucune piece qui ne
foit abfolument neceffaire, vous lui repartites
dit Monfieut le premier Prefident à ce Procu-
reut, Maîftre P. Fournier, commancé fi vous
voulez que l'on vous croye. à ofter une piéce de
verre de vos Lunettes, par ce que quand on à qu'-
un Oeil on à befoing que d'un verre à des Lunettes, & puis la Cour verra fi vous n'avez point
d'autres pieces inutile.

Monfieur de Novion dit à ce Procureur, vous
occupiez ce me femble auffi pour un Jntendant
de Monfieur le Duc de Guife, qui ayant ordonné à c'eft Jntendant d'arrefter & payer les parties d'un Apothicaire qu'il l'importunoit inceffa-
fament, c'eft Homme d'affaire voulant arrefter
les parties, & reduire toutes les pretenfions de
ce Pharmacien à une fomme fort modique, c'eft

Homme

Homme emporté de colere apella l'intendant voleur & coquin, lequel outré de l'injure que l'on
lui faisoit, donna un grand coup de pied dans
le ventre de l'Apoticaire, & pour pousser sa
vangeance à bout, publie par tout qu'il avoit
payé les parties, & fit même dire à la femme
de cet Apoticaire, que son mary étoit un de-
bauché, qui avoit consommé tout son argent
en débauche, ce qui obligea ce Pharmacien d'in-
tenter un procés contre cet Intendant, qui disoit
qui ne lui étoit rien dû, & qu'il l'avoit bien payé,
cette affaire étant devolüe à la grande Chambre, le Raporteur fit lever la main à l'Apoticaire, sçavoir s'il n'avoit pas été payé, l'Apoticaire affirme qu'il n'avoit rien reçû sur son dû
qu'un grand coup de pied dans le ventre.

Comme il fit une assez belle journée, Monsieur de Novion nous mena dans son Jardin &
nous fit voir un grand Canal ou l'on voyoit beaucoup de poissons fort accoutumez quand il
voyois le monde, à se presenter pour avoir à
manger, cela me fit resouvenir de ce qui arriva à la maison d'un gentil-homme de Berry
qui avoit de grands fossés proche son Château
ou il nourrissoit par distinction, & curiosité un
fort grand Brochet, qu'il apelloit Jacob, auquel il faisoit aporter tous les jours de la cuisine des tripailles pour sa nourriture, & on a-
pelloit à l'heure du manger le Brochet avec une
sonette, il ne manquoit jamais de venir à la
pâture quand il entendoit la clochette, & profe-
rer le nom de Jacob, ce Seigneur aprés avoir
donné à dîné à un Cordelier qui préchoit à sa
paroisse, lui donna le divertissement du Brochet qui se rendoit exactement au manger au
son de voix, & au son de la clochette, le Moi-

Z

ne n'oublie pas la maniere d'appeler Jacob., fachant que ce gentil-Homme étoit allé à Paris il fut avec un frere visiter Jacob., & porterent un filet pour prendre le Brochet, profitant de l'absence du maître, & de ce que ce poisson étoit fort aprivoisé, ils le prirent & le mangerent au Couvent., le Seigneur étant de retour en son Château demanda des nouvelles de Jacob, ses Domestiques lui dirent quils ne le voyoient plus, le Maître croyant que les Valets ne l'apelloient pas comme de coûtume, il sonna la clochette, & l'apellant Jacob plusieurs fois inutilement, enfin soubçonna le Cordelier par ce que l'on l'avoit veû pendant l'absence du gentil-Homme qui rodoit au pied des fossés, ce Seigneur persuadé que ce ne pouvoit être d'autre personne que ce Moine qui pût lui avoir fait ce vol & ce déplaisir, publie partout les raisons de son soubçon, ce qui étant venu à la connoissance du Gardien qui avoit mangé sa part du Brochet, ce Supérieur vint trouver ce gentil-Homme pour disculper son Religieux, ce Seigneur dit au Gardien qu'il étoit fort convincû que c'estoit ce fripon de Predicateur avec un petit Frere qui avoient volé Jacob, & que le Pseaume 78. verset 7. lui marquoit que c'étoit ces fripons *quia comme-derunt Jacob*, *& locum desolaverunt*, par ce que dit le Psalmiste, ils ont mangé Jacob, & ont porté la desolation dans le lieu de sa demeure.

Comme tous les Religieux étoient persuadés que Monsieur de Novion avoit choisi Issy comme un lieu de repos, & pour se delasser l'esprit de la grande application qu'il avoit eûë dans l'importante Charge qu'il venoit de quit =

ter , un Jacobin qui préchoit dans son voisinage , vint dîner à la table de Monsieur de Novion , il lui compta qu'il avoit la station de
quelques Paroisses voisines , & que le dernier
Dimanche qu'il avoit préché , il avoit fait l'e-
loge du Seigneur fondateur sur son abstinance,
comme ce Predicateur fut à la maison seigneurialle un jour de Feste pour demander à dîner
comme c'est la coûtume au gentil-Homme , le
Jacobin décendit à la cuisine où il ne vit aucune aparance de manger , le pauvre Moine fut
obligé d'aller prendre son repas dans un Caba-
ret borgne , le Dimanche d'après il invectiva fort
dans son Sermon contre les gourmans & les
yvrognes , & dit à ses Auditeurs que si le respect qu'il à pour le lieu lui permettoit de ga-
ger qu'il pariroit quelque chose de considerable
qu'il ny avoit pas trois Habitans qui n'eussent
dejeuné à fons de Cuve auparavant d'entendre
la grande Messe , il dit à ses Auditeurs , je suis
persuadé que ce n'est pas vôtre Seigneur qui
vous donne ce méchant exemple , je publierai par
tout qu'il ny eut jamais Homme si sobre que
lui , la derniere Feste que je fus en sa maison
pour y dîner aprés midi sonné , il ny avoit ny
pot au feu ny écuelle lavée.

Monsieur le premier President lui dit vous
autres Predicateurs vous étes en place de vous
vanger agreablement & des Seigneurs , & des
Curés , quand il vous plaît , le Jacobin dit à
Monsieur de Novion , ne vous à-t-on point con-
té comme le petit pere André Augustin , voulant se vanger du Curé de St. André des Arts,
l'apella petit chien de Curé , ce Pasteur avoit
critiqué les Sermons qu'il apélloit facetieux de ce
predicateur , ce Religieux outré de cette injure

crut ne pouvoir mieux faire éclater son ressen-
timent que de l'apeller en public & dans sa
Chaire de verité en se servant des termes de
l'Ecriture Sainte ; la'pellant chien de Curé ; il
est certain que les Sacrés Cahiers, comparent
les Pasteurs aux chiens qui sont destinés pour
la conservation du bien des familles , & principalement pour la garde des Troupeaux , l'Ecriture nous aprend qu'elles réconnoit deux sortes
de Chiens , les uns qu'elle apelle *muti qui non*
*valent latrare* , les uns qui sont *muti* & qui
n'ont pas l'usage de pouvoir abboyer , les autres qui ne laissent point d'abboyer quand l'occasion se presente , & ceux la porte le nom de
*latrantes* où abboyeurs , ces Chiens muets vivent
au dépens de leurs maîtres sans rendre aucun
service , ny même sans grincer les dents contre
les Volleurs , ces Chiens que l'on nomme *la-*
*trantes* , sont ceux qui gagnent bien le pain
qu'ils mangent par leur vigilance & assiduité
qu'ils ont pour la conservation du bien du pere
de famille , chassent les Voleurs , grinssent les
dents en attendant & demandant secours aux
Voisins par leurs abboyements empressez , de
même il y à deux sortes de Pasteurs comme
de chiens , il y à des Curés muets, quoi qu'ils
vivent aux dépens de l'Autel ils n'en conservent
point les droits , & ne veuillent nullement à la
garde de leurs Troupeaux ; & les laissent dans le
désordre & dans légarrement , au lieu que les
Pasteurs que l'on apelle abboyeurs n'abandonnent pas pour un moment leurs Oüailles , & si
quelqu'une se veut écarter du Troupeau ils la
font revenir avec le gros , & s'il y à quelque
Brebis galeuse, il la guerit , où il la separe des
autres , enfin Messieurs selon l'Ecriture vous

pouvez vous vanter que vous avez le meilleur
petit Chien de Curé par sa vigilance qui soit
dans le Diocese.

Le Jacobin finissant ce discours, l'on le vint
advertir q'un valet de chambre de Monsieur le
premier Président étoit à l'extremité, & qu'il
ne vouloit nullement entendre à se confesser,
ce Jacobin fut trouver le malade qui étoit au
lict qui avoit un grand devoyement par haut &
par bas, ayant pris une medecine, & en suitte
un lavement, ce Religieux voulant disposer le
malade à faire une bonne confession, il repon-
dit au Jacobin, en voila ce me semble assez pour
un jour d'evacuations sans y augmenter encore
celle d'une grande confession.

Comme l'on finissoit ce discours, il arriva à
Issy un sous Lieutenant au Regiment des Gardes parent de Monsieur de Novion, qui lui dit
que quand le Roi avoit cré des Charges pareilles à la sienne, que Sa Majesté donnoit à la
plus part des Capitaines, les Enseignes de leur
compagnie, & l'on faisoit monter ces Enseignes
à la sous Lieutenance. Dortie Capitaine aux
Gardes, comme son Enseigne montoit à la sous
Lieutenance, il demanda à Sa Majesté la grace de lui accorder son Enseigne pour en disposer, & lui donner moien de bien habiller ses Soldats, & faire de beaux Hommes, & rendre sa
Compagnie complette, le Roi lui accorda ce
Don, aux conditions qu'il le demandoit, d'Ortie fit ses tres humbles remercimens à Sa Majesté du bien qu'il recevoit, mais il suplia en
même tems Sa Majesté de lui permettre de vendre & non pas donner cette Charge, car si
Vôtre Majesté veut un Homme de Qualité,
bien fait & de service, grand & de belle taille,

les gens si bien tournez que cela sont pour l'ordinaire peu pecunieux, d'Ortie lui dit le Roi
je suis de ton sentiment, prend de l'argent &
donne moi un Homme quand il seroit fait à
coups de serpe je le receverai, Sa Majesté n'eut
pas plûtost parlé qu'il trouva marchand, &
presenta ce nouvel Enseigne à Monsieur le Maréchal de Grammont Colonel du Regiment des
Gardes & lui dit que le Roi l'avoit veu, &
qu'il lui demandoit son agrément, le Maréchal
regardant ce petit Homme lui dit où Diable
d'Ortie as tu pris ce Crapaux, il lui répondit
Monsieur dans le ruisseau de la rüe de la Cos-
sonnerie, c'estoit le fils d'un vendeur de Poisson du cartier.

C'est Officier aux Gardes comme il est souvent chez le Maréchal comme leur Colonel, dit
à Monsieur de Novion qu'il admiroit tous les
jours les expressions de ce Seigneur, lui raconta qu'un Chevalier venant faire ses compli-
ments à ce Maréchal, & lui dire que son pere
étoit mort en Province depuis deux Mois, &
qu'il l'avoit chargé en rendant les derniers sou-
pirs, de lui dire qu'il perdoit un fort zélé &
effectif serviteur, le Maréchal écoûtant ce compliment, dit au Chevalier huit jours aprés vôtre mort, & aprés avoir fait un tour de Salle
repeta huit jours & aprés vôtre mort, vous ne
serez pas si puant qu'estoit feû vôtre pere, ô le
puant Homme que c'estoit.

Comme ce même sous Lieutenant voioit que
cela divertissoit Monsieur de Novion en lui faisant recit des expressions agreables de ce Maréchal, il lui dit qu'un Capitaine d'Infanterie
de ces nouveaux corps, ayant obtenu du Roi,
une charge d'Enseigne au Regiment des Gardes

un des amis de cet Officier le prefenta au Maréchal pour avoir fon agrément pour être reçû dans la charge dont Sa Majefté l'avoit pour-
veû ; comme cet amis faifoit l'eloge de ce nouvel Enfeigne , qui étoit de bonne maifon , &
qui avoit époufé depuis peu une Fille de grande
qualité , même alliée du Maréchal , ce qui lui
donna occafion de dire qu'il étoit auffi rare dans
le commerce du Monde de voir un Enfeigne ma-
rié , que de voir un Page veuf.

Monfieur de Novion dit que ce Maréchal
avoit fait quelques voyages à la Cour de l'Empereur par ordre du Roi , on dit que paffant
par Francfort , le Chef de l'Illuftre maifon de
Starambert lui mena vingt-cinq perfonnes de
cette Famille qui portoient tous le nom de Sta-
ramberts , comme c'eft la coûtume d'Allemagne
de porter le nom de l'aîné qui prefente tous les
Starambert , le Maréchal fe voyant obfedé des
gens de ce nom , leur dit, Meffieurs Starambert
fuffiez vous dix mil je ne puis vous fournir en
ma perfonne que d'un feul ferviteur.

Il faut dit Monfieur de Novion que l'on n'aye
pas fait rémarquer à ce Maréchal , car il m'en
auroit entretenu , les cinq mifterieufes voyelles
qui font fur le frontifpice du Palais de l'Empereur dont nous avons deja parlé , qui porte
    *A*    *E*    *I*    *O*    *V*
*Auftriacorum, Eft Imperare Orbi Vniverfo* , je
vous prie me dit Monfieur de Novion en faifant
un tour de Jardin de faire parler les cinq Voielles
avec plus de verité, il n'eut pas fait cent pas que
je lui vins raporter que je faifois à nos cinq voielles une verité dont toute l'Europe conviendroit
    *A*    *E*    *I*    *O*    *V*
*Auftriacorum Egeftas Imperii Opprimit Vicinos.*

l'indigence de la maison d'Autriche, opprime
& deseche tous les membres de l'Empire. Il n'y
à rien de si vrai que si l'Empereur Leopol avoit
des biens proportionnés au premier rang qu'il tient
parmi les Têtes Couronnées , qu'il ne se trouveroit pas dans la necessité indispensable à con-
tre-tems d'ordonner des Dietes , & de faire de
grandes & fréquentes seignées sur le corps Germanique comme il fait tous les jours.

Le Fils de Monsieur de Novion Evêque le
vint voir & se voulant excuser de ce qu'il n'a-
voit pas aquiécé à la priere que Monsieur son
Pere lui faisoit d'admettre à l'ordre de Prestrise
deux Hommes fort ignorans que ce Prelat apelloit de veritables Asnes , Monsieur son Pere lui
répondit vous n'avez point de Prestres dans vôtre Diocése , il est plus apropos mon Fils que
l'heritage du Seigneur soit labouré par des Asnes que de demeurer inculte & en friche.

Il y avoit dans la chambre prés c'est Evêque
un jeune Prieur qui n'estoit pas de la troupe
des deux Ordinans dont nous venons de parler
par ce qu'il passoit pour être fort éclairé dans
l'esprit de Monsieur de Novion qui avoit con-
nû le pere de cet Ecclesiastique qui avoit une
terre prés d'Angoulême où Monsieur de Novion avoit été , il dit à ce Jeune Prieur , j'ai vû
vôtre maison qui est dans le voisinage de la
Touvre , qui est une Riviére que l'on dit com-
munément être pavée de Truittes , lardée d'An-
guilles , bordée d'Ecrevisses & couverte de
Cignes.

Ce Beneficier pour divertir Monsieur de Novion lui conta ce qu'il avoit veu arriver dans
une paroisse de Paris où il y à une confrerie de
Saint Michel , comme l'on solemnisoit la Fête

de

de cet Archange , le Celebrant fut encenfer l'I-
mage de ce Saint , un Clerc malicieux qui portoit l'Encenfoir prés du Preftre fe tenant derriere , prit occafion voyant un Aveugle des
quinze-vingts qui perdoit halene par le grand
nombre d'Oraifons que fes confreres lui faifoient dire , comme cet Aveugle vint prefenter
fa taffe , ce porte Encenfoir lui mit trois où
quatre gros charbons ardans dans fon écuelle
qui firent grand bruit en tombant , l'Aveugle
croyant que c'eftoit une poignées de monoie
qu'il lui venoit de donner , il mit la main avec
apreté dans la taffe , & prit avec les doits ces
charbons enflamés mais il ne tint pas long-temps
cette diabolique aûmone , il fe mit à crier , il
faut affeurement que ce foit le Diable qui eft
fous les pieds de Saint Michel qui me fufcite
en haine de cet Archange quelqu'un de fes camarades qui veut ralantir mon zelle & ma devotion en bruflant mes doits.

Les quinze-vingts font en poffeffion dit Monfieur de Novion de diftribuer des Aveugles
de leur Communauté pour dire des Oraifons
quefter & porter le baffin dans toutes les Egli-
fes de Paris , on dit qu'un Aveugle dans une
Eglife où il y avoit une Confrairie de Procureurs au Chaftelet , il y en avoit un entre-eux
qui paffoit pour être fort prefomptueux , fes camarades l'apelloient le glorieux Angervilliers.
Vn jour de Confrairie de Saint Yves, deux où
trois jeunes Procureurs dennerent une piece de
trante fols à l'Aveugle Quefteur qui fut inftruit
de ce qu'il avoit à dire , il fit cent tours dans
l'Eglife en difant je vous dirai l'antienne &
Oraifon de Monfieur St. Yves , & la comme-
moration du glorieux Angervilliers.

Aa

Monsieur de Novion nous dit que Monsieur
des Noyers Secretaire d'Estat , racontoit que
lors-que Monsieur le Cardinal de Richelieu
faisoit construire son superbe Palais il lui dit
que lors que l'on batissoit dans une Ville , qu-
une chose où il falloit bien prendre garde c'é-
toit de choisir de bons voisins , peu regardans ,
il sembloit que cette Eminence avoit exprés re-
cherché le voisinage des Aveugles des quinze
vingts , disant que la plus incomode chose que
l'on aye dans une Ville , c'est d'avoir des voisins trop clairs-voians.

Quoique ces miserables qui sont privez du plus
agreable de nos sens , ne fussent nullement in-
comodes au Palais Cardinal , cette Eminence
bien loing de vouloir profiter de la disgrace de
ces Aveugles voisins , ce genereux Cardinal auroit sacrifié tous ses grands biens s'il avoit pû
achepter de bons yeux pour une communauté qui en est si depourveûë.

Il est tellement vrai que ce premier Ministre de France entroit dans les besoins de ces A-
veugles , qu'un jour il ordonna à un Medecin
Oculiste de visiter les quinze-vingts pour con-
noistre si parmi ce grand nombre d'Aveugles il
ne s'en trouveroit point quelques uns à qui on pût
faire recouvrer la lumiere , en leur abattant des
Tais & Cataractes de dessus les yeux , le Sr.
Tevenin , je croi qu'il portoit ce nom , trouva
trois Aveugles sur lesquels il fit des operations
heureuses , il abattit trois Cataractes sur trois
differentes personnes , qui ayant chacun recouvert
un œil , ces gens changerent avec joye le nom
d'Aveugle pour prendre celui de Borgne.

Cela fit dire tout hautement que Tevenin
pour la guerison des yeux , étoit le plus fameux

Medecin de toute l'Europe, & que ce qui avoit
le plus établi cette grande reputation, c'est d'a-
voir fait heureusement trois Borgnes dans l'hôpital des quinze-vingts.

Pour ne point sortir encore des quinze-vingts,
un gentil-Homme qui étoit venu voir Monsieur de Novion lui conta, qu'un Duc & Pair,
& Chevalier du St. Esprit, menant & tenant
par la main une Dame de la premiere qualité
de la Cour, en décendant dans l'Eglise des grands
Augustins du Pont Neuf à l'issue d'une Messe,
il y eut un fort grand concours de peuple qui
montoit les mêmes degrez que ce Duc décendoit
tenant cette Dame, la foule fit quitter la main
que le Duc tenoit, comme il la cherchoit dans
cette presse, un Aveugle qui étoit sur les degrés
présenta la sienne que le Duc prit, croiant que
c'estoit celle de sa Dame, le Duc s'imaginant
mener la Dame, conduisoit l'Aveugle par l'E-
glise pour trouver un Autel où l'on commance-
roit quelque Messe, tout le peuple se trouvant surpris de ce qu'un Aveugle étoit mené par
un Cordon Bleu, un Laquais de ce Duc voiant la meprise de son Maître lui dit Monsieur tout
le monde se moque de voir qu'une personne qui
porte le St. Esprit comme vous, soiez conducteur
d'un Aveugle, le Duc s'apercevant du sujet de
risée que lui avoit causé c'est Aveugle, il lui donna un coup de poing de colere, le quinze-vingt
qui avoit oüi dire au peuple que son conducteur
étoit un Chevalier du St. Esprit, il se mit à crier
tout haut dans l'Eglise, il faut que ce Seigneur
soit brouillé avec le bon sens, de battre sans raison un pauvre Aveugle, le promener sans dessein dans une foule de peuple, & le déplacer du lieu
de sa queste sans le récompenser, cette conduit-

té eſt ſi extravagante que ce Cordon Bleu à plus
de droit d'avoir une place dans l'Hoſpital des
petites Maiſons , que je n'en ay d'avoir la
mienne dans celui des quinze-vingts.

Je mis la main ſur un livre qui étoit ſur la
Table de Monſieur de Novion , il me demanda ſi ce n'eſtoit pas le Mercure Galant , c'eſt
un livre nous dit il qui ne me donneroit que
trop de plaiſir tout les Mois , ſi j'avois aſſez de
retenüe pour ne pas le devorer au moment que
l'on me le preſente , les nouvelles que l'Autheur
fait au publique ſont d'un ſi agreable aſſaiſon-
nement , qu'elles ſont du goût des plus fins &
ruſés Magiſtrats.

Comme je mettois cet Ouvrage de ces Con-
verſatons entre les mains de l'Imprimeur pour
les faire voir aux yeux du public , ſurvint un
Eccleſiaſtique de mes amis , Curé de St. Germain prés Loches , qui eſt Predicateur & homme fort éclairé , il prit quelques cahiers des
mains d'un Libraire fort preſſé . & remarqua
deux où trois endroits qui étoient de ſon goût ,
& ſe formaliſant de ce que je mettois au jour
un ouvrage ſans lui en faire part , me dit comment Monſieur , mettre en lumiere un livre ſans
en donner connoiſſance à une perſonne , qui entre ſi fort en toutes les choſes qui vous regar-
dent ! n'eſt ce pas me donner ſujet de me plaindre de vôtre amitié , qui m'a fait un myſtere
de vos entretiens , dont elle auroit bien pû me
faire voir les premices.

Ie lui répondis que ſi j'avois ſuivi mon penchant , & que je n'euſſe point adheré au ſentiment de quelq'un de mes amis , j'aurois mis
d'une autre façon cet ouvrage en lumiere , par-
ceque je l'aurois mis au feu. Quoi Monſieur

me répondit ce Pasteur , vous auriés voulu que
l'Etat & la posterité eussent été privés de l'heureuse explication , que vous avés donnée aux
cinq Voielles enigmatiques , que l'on voit sur
le frontispice du Palais Imperial à Vienne , &
qui ont été si mal expliquées par les Allemans ,
lors qu'ils ont dit que les cinq Voielles , *A.*
*E. I. O. V.* vouloient signifier , *Austriaco-*
*rum Est Imperare Orbi Vniverso* , se persua-
dant que la maison d'Austriche , étoit en droit
de commander à tout l'Vnivers , ce qui est une
chymere insupportable , qui n'a eu , & qui n'aura jamais aucun fondement , particulierement
pendant le glorieux Regne de LOVIS LE
GRAND , qui comme un Soleil , aussi pom-
peux dans son couchant , quil à été éclatant
dans son Orient & dans son Midy , peut bien
être envisagé par l'Aigle jalouse de ses grandes Conquestes , mais n'a jamais pu l'arréter dans
le cours rapide de ses Victoires , au lieu que
l'explication de ces même Voielles , se trouve entierement accomplie par ces mots , *Aus-*
*triacorum Egestas Imperii Opprimit Vicinos*,
Ce qui n'est que trop vrai pour Messieurs les
Electeurs , les Alliés & les Voisins de l'Empire , que l'indigence de la Maison d'Austriche met dans l'acablement , ces grandes & fre-
quentes saignées du Corps Germanique , l'ai-
ant extraordinairement affoibli & mis en langueur

Ie dis à ce Pasteur , si cette pensée vous plait ,
quand vous verrés le 2. tome des Conversations , vous trouverés une imagination , que j'ai
eu sur le Blazon des Armes du Prince d'Orange ; & comme vous sçavés que c'est le grand
Acteur de toute la Tragedie , qui se joüe pre-
sentement sur le Theatre de l'Vnivers , vous

examinerés fi j'ai bien reuſſi dans mes heures de loiſir, en donnant l'explication ſuivante au Blaſon de ſes Armes ; il porte d'Or, comme vous ſçavés, au Cor de chaſſe d'Azur, lié, envirollé & enguiſché de Gueule, il porte d'Or, par les grands biens, & la diſpoſition qu'il à des richeſſes des trois Roiaumes, & des Etats Généraux, ce Cor d'Azur ſignifie, qu'il à aſſemblé, & comme ameuté toutes les puiſſances de l'Europe contre la Monarchie de France, & principalement les Barbets du Prince de Savoye, ce Cor eſt lié, envirollé & enguiſché, pour marquer, comme il tient ces Princes liés, par la Ligue ; & le credit qu'il s'eſt fait ſur l'eſprit de leur Miniſtres avec les chaiſnes d'Or d'Angleterre, ce même Cor eſt lié, envirollé & enguiſché de Gueule, qui eſt le rouge, pour repreſenter l'effroiable epanchement de ſang, que le ſon lugubre de ce Cor devoit cauſer pendant la guerre ; que la jalouſie de l'Empereur & l'ambition du Prince d'Orange ont excité.

Ce Paſteur me dit enſuite qu'il ne venoit pas ſeulement pour m'applaudir ſur mon méchant ouvrage ; mais pour marque qu'il n'avoit point de rancune contre moi, qu'il vouloit bien me donner des fleurs de ſon Jardin, qn'il accuſoit mon parterre de n'eſtre pas ſi bien cultivé que celui de més Muſes, & qu'il voioit bien que l'aplication que j'avois pour le dernier, me déroboit le ſoin que je pourois prendre du premier.

Vous n'aurés point, Monſieur ajouta-til, de larmes de Job, que vous m'avés demandé, elles ne ſont que trop communes dans le Siecle où nous ſommes, la pauvreté les fait naitre dans toutes les ſaiſons & dans tous les pays ; elles levent, comme les Soucis, ſans être ſemeés , & croiffent fans eftre cultiveés.

Il faut convenir , continua ce Pafteur , que pour l'email des Fleurs , vous me le cederés , s'il vous plait , Monfieur , mais il faut vous â-voüer auffi que j'eftime mieux les penfeés de vô-ouvrage , que toutes les jonquilles , les Tube-reufes & les Anemones de mon parterre.

Pour la Fleur de la Paffion , & les Croix de Jerufalem , que vous defiriés , on en à affés dans l'Europe , fans en faire venir d'Egipte , il n'y à que celle du Calvaire , que le Chretien doit cultiver en fon cœur , *Crux cordi , cor cruci.* A l'egard du Tournefol , où Heliotrope , on ne fçauroit trop en avoir dans une maifon chreftienne , cette Fleur qui eft le Jerogliphe du Soleil , nous enfeigne par fon penchant à envifager ce Prince des Aftres , que les Chretiens ne doivent avoir en cette vie mortelle d'autre veüe , que celle du Soleil de Juftice , qui doit être l'unique objet de leur attachement & le plus doux charme de leurs cœurs.

Ce Pafteur à la fortie de la Chappelle , où il avoit celebré la Ste. Meffe , obferva la Fille unique de la maifon , dans une devotion qui lui parut affés grande , & me dit que cette Demoifelle lui paroiffoit être toute bâtie de bois de charme , & une de ces Vierges fages , que l'Evangile difoit avoir toutes les qualités requifes , pour recevoir dignement l'Epoux , ce même jour étoit la Fefte d'une Vierge , dont il avoit fait mention dans le Sacrifice , qui lui infpira cette penfée.

Continuant la converfation , je prevois Monfieur le Pafteur , lui dis-je , que vous allés profiter de la belle faifon , pour rendre vos hommages à nôtre Illuftre Archevêque , de qui vous avés l'honneur d'etre connu, il me répondit que l'avantage d'être sous la conduite d'un Prelat d'un merite aussi distingué & aussi connu qu'il l'étoit à la Cour de Rome & à celle de France, lui étoit trop cher pour ne pas s'etudier & lui rendre tous les temoignages d'estime & de respect, dont il étoit capable. Il ajouta que ses rares qualités, lui ayant fait autant d'amis qu'il en à dans le Sacré College, il ne doutoit pas que le Pape, qui avoit marqué la consideration particuliere qu'il avoit pour lui, par le gratis entier, que Sa Sainteté lui à accordé pour l'Archevesché de Tours & l'Abbaye de St. Maixent, ne se fist un plaisir dans la premiere occasion, de lui donner le *Pallium*.

Vous étes trop éclairé Monsieur, me dit ce Pasteur, vous qui avés fait quelque sejour à Rome & qui étes même Comte du St. Empire & de la Sainte Eglise Romaine, pour ne pas sçavoir que la Ceremonie du *Pallium*, est un des plus grands honneurs, auquel un Prelat puisse aspirer, puisque c'est une participation du pouvoir Apostolique. Il ne la donnoit autrefois, qu'aux seuls Primats, & Vicaires Apostoliques. Vigilius l'institua au 6. Siecle, & le donna à Auxentius Archevesque d'Arles.

Il faut que la laine du *Pallium*, soit prise de la toison de deux Agneaux, que l'on offre tous les ans sur l'Autel de l'Eglise de Ste. Agnés à Rome, le jour de la Feste de cette Sainte: deux Chanoines de St. Jean de Latran, donnent ces deux Agneaux aux deux Sousdiacres Apostoliques pour les élever, jusqu'a ce qui soit tems de les tondre, on mesle cette laine avec d'autre bien blanche & fine, pour en faire l'Etofe, que l'on charge de quatre Croix

de

d'écarlate, une fur la poitrine, une autre fur le dos, & deux autres fur les épaules, fi ces Toifons faifoient un Primat, je doute fort que ces Chanoines fiffent une reftitution entiere de cette mifterieufe laine, je fuis perfuadé que ces 4. Croix rouges, pouront bien être les efchantillons facrés du veftement, que Rome inftruite de la fage conduite, que Monfeigneur d'Hervault y à fait parétre dans les tems difficiles, deftine pour habiller ce grand Prelat.

Comme nous finiffions cet entretien, un noble de Province, qui nous parut de fort petire ftature, & qui fembloit par une longue & grande brette, vouloir reparer la petiteffe de fa taille, me fit dire, à petit Homme longue efpée, & penfer en même tems, que cette longue efpée feroit moins de rebut pour l'Arriereban, que fa perfonne.

Vn Chanoine de St. Gatien me racontoit que ce même gentil-homme, dont les manieres font grotefques, affiftant au fermon dans l'Eglife Cathedrale, ou il y avoit une nombreufe audience, & incommodant dans la preffe un Bourgeois, auprés duquel il étoit affis, le Marchand lui dit, Monfieur vous avés une efpée qui m'incommode fort, elle en à bien incommodé d'autres, ouy au fermon lui répondit-il brufquement qui ne font plus en état de s'en plaindre, comme vous faites, prenés garde à leur fort. Cette longue brette me fait fouvenir de la penfée de Ciceron, qui ayant un gendre fort petit, & portant toujours une grande Epée, difoit, *Quis generum meum gladio alligavit ?* Qui à attaché & garotté mon Gendre à une fi longue brette.

**FIN.**

Bb

# TABLE

## DES

### MATIERES CONTENUES DANS LE

### PREMIER TOME.

# TABLE

# TABLE

# TABLE

# TABLE

## FIN.